FANATIQUES

VÉRONIQUE CHALMET

FANATIQUES

EDITIONS PRISMA

Responsable d'édition : Valérie Langrognet
Réalisation éditoriale : Nord Compo Multimédia
Photo de couverture : akg-images

ISBN : 978-2-8104-1466-6
Dépôt légal : mai 2015 – N° d'impression : 1503.0046
Achevé d'imprimer en France par Aubin Imprimeur

L’actualité ne cesse de faire écho à l’Histoire. Ce livre dresse le portrait de huit fanatiques, qui ont marqué leur temps en négatif, sur le plan politique, religieux ou culturel. Huit personnages effrayants et terriblement humains, qui rappellent que le fanatisme est multiforme et n’a pas de frontières. Leur trait commun à travers les âges : ils veulent réformer l‘homme, réviser les faits, nier le passé, brûler les ouvrages, pulvériser les œuvres d’art.

Le phénomène fanatique est vieux comme le monde – ou plutôt comme le culte religieux ou mystique. Chez les Romains de l’Antiquité, *fanaticus* désigne, à l’origine, l’initié habité par un délire divin, dans l’espace sacré d’un temple. Les premiers à asseoir leur réputation de « fous de dieu » sont les adeptes de Bellone – ancienne divinité hittite du XIIIe siècle avant J.-C., devenue déesse romaine de la guerre au Ier siècle avant J.-C. : pour la satisfaire, ses zélateurs immolent un taureau, le devin du culte entre en transe et s’automutile, pour interpréter les augures dans son propre sang. Bellone est peu à peu supplantée par Cybèle, déesse de la terre et de la patrie, dont les fidèles s’émasculent par ferveur sacrée. Elle a pour attribut le bonnet phrygien, qu’on retrouvera des siècles plus tard… en symbole national de l'ardeur révolutionnaire ! S'il commence avec le religieux, le fanatisme se met aisément au service du politique, en prenant pour prétexte une idéologie ou un intégrisme moral. Tout est question de pouvoir et d'emprise. Pour les illuminés, l'au-delà se substitue à la vraie vie en ce bas monde ; ils n'ont que dédain pour notre existence terrestre et justifient ainsi tous leurs excès.

Cet extrémisme traversera les siècles sans perdre de sa virulence. À l'époque des Romains, le fanatisme est mis au service de la *res publica* (la chose publique) et canalisé par les chefs du culte. Jusqu'à nos jours, les fous de Dieu sont toujours le bras armé d'une puissance qui les dépasse. Mais c'est justement ce qui les motive et les déculpabilise. Cette instrumentalisation des illuminés perdurera, avec un succès croissant, pendant l'ère chrétienne. Les pratiques d'automutilation elles-mêmes seront perpétuées par certaines communautés chrétiennes, avec un zèle parfois singulier : au IIIe siècle, la secte des Valésiens sème la terreur en castrant, comme eux, tous ceux qu'ils croisent sur leur passage. Ils pensent ainsi sauver les malheureux du péché de chair, pour gagner la vie éternelle ! Ce faisant, ils inventent le fanatisme moderne – celui qui s'autorise tous les crimes au nom d'un Dieu.

Le fanatique, c'est toujours l'Autre, qu'il faut impitoyablement remettre dans le droit chemin. D'où la notion de guerre sainte. En France, c'est pendant les huit guerres de religion qui opposent catholiques et protestants, de 1562 à 1598, que le terme de « fanatisme » commence à être couramment employé dans les textes, et exprime son sens tragique dans la réalité. Trente ans de guerres civiles ravageront la France, les deux partis rivalisant de cruautés, supplices, massacres et exactions en tout genre. Outre-Manche, Marie

Tudor fait allumer plus de 300 bûchers pendant son règne, de 1553 à 1558, y gagnant le sobriquet de Marie la Sanglante. À Genève, le théologien picard et réformateur, Jean Calvin, désigne comme « fanatiques » ceux qui s'opposent à ses idées. Paradoxalement, il instaurera lui-même une théocratie particulièrement radicale lors de son ministère, à partir de 1541. L'écrivain Stefan Zweig la prendra pour référence historique en 1936 – en plein essor du nazisme et de l'extrême droite en Europe – dans son essai *Conscience contre violence* : « Un homme a joué aux cartes : au pilori, les cartes autour du cou. Un imprimeur qui a eu l'audace [...] de lancer des insultes contre Calvin, est condamné à avoir la langue percée avec un fer rouge. » Les opposants à Calvin sont brûlés ou décapités. Un tel régime préfigure aussi, dans sa volonté d'austérité absolue et de diabolisation du plaisir, celui des talibans pakistanais et afghans qui, depuis 1994, prohibent la danse, les jeux d'enfant, les rires, et jusqu'aux chants des oiseaux... Remplacer le principe de vie par la pulsion de mort. Supprimer les artistes, contraindre les femmes et transformer les enfants en soldats. Rien n'a changé. Le massacre des innocents assouvit la rage sanguinaire du groupe et soulage les frustrations les plus intimes du fanatique. Vengeance personnelle ou collective ? Les deux sont souvent mêlées, car il s'agit toujours de prendre sa revanche sur l'Histoire et d'obliger les autres à suivre son délire. Qu'ils cristallisent leur adoration perverse sur une divinité ou sur un personnage public, les fanatiques – en solitaire ou en groupe – tentent toujours de réaliser le même fantasme. Hier comme aujourd'hui, ils cherchent désespérément à se réinventer une identité, quitte à partir pour une mission sans retour.

Au XVIIIe siècle, les philosophes des Lumières donnent au fanatisme le double sens d'« intolérance » et de « soumission à une superstition ». En 1765, Denis Diderot souligne que « la croyance en Dieu fait presque autant de fanatiques que de croyants. Tôt ou tard [...] la notion qui a empêché de voler un écu fait égorger cent mille hommes ». L'attrait de l'abîme et la haine du monde sont le duo gagnant, qui justifie le martyre souhaité pour soi-même et le sacrifice imposé aux autres. En jouant sur ces deux tableaux, les chefs religieux, prophètes autoproclamés ou autres gourous détiennent un formidable outil de manipulation. Leurs disciples exécuteront toujours leurs victimes au prétexte de servir Dieu et de gagner le paradis. Une motivation élémentaire qui se perpétue sans cesse, et pour cause : le fanatique ne demande que peu de chose, il refuse de douter. Il veut croire à tout prix, et les promesses les plus simplistes sont pour lui les plus convaincantes. Qu'il s'agisse de s'exiler dans un univers sectaire utopique ou de trouver une illusoire sérénité dans la mort, l'exalté aspire à la certitude absolue... et la trouve dans l'anéantissement. Avant d'être exécuté, l'Américain Timothy McVeigh – responsable de l'attentat d'Oklahoma City, le 19 avril 1995 – déclare : « Si je disais que je regrette, je mentirais. J'ai fait ça pour le bien commun ! » Le fanatisme est un remède formidable à la crise, à la déprime, à la médiocrité. On oublie tout et on repart de zéro. On fait table rase du passé, des autres. On fait tout exploser.

Pour aller jusqu'au bout du délire, il faut tuer de la manière la plus spectaculaire possible. Dans l'armée japonaise, pendant la Seconde Guerre mondiale, le code d'honneur des kamikazes se résume à un credo : « Ma vie et ma mort ne font qu'un. » Ils font des émules. Le 11 septembre 2001, quatre avions, détournés par 19 terroristes du groupe Al-Qaïda, détruisent des bâtiments du Pentagone et les tours jumelles du World Trade Center. Depuis lors, le terrorisme sacrificiel est une menace constante et omniprésente. Le fanatique n'est plus le sectaire identifiable de jadis – il est sorti du temple pour réclamer son tribut de sang dans la société civile.

Chapitre 1

HASAN SABBAH
LA FORTERESSE NOIRE

> « Mourir est plus important que tuer. Nous tuons pour nous défendre, nous mourons pour convertir ; pour conquérir. Conquérir est un but, se défendre n'est qu'un moyen. Vous n'êtes pas faits pour ce monde, mais pour l'autre. »
>
> (Hasan Sabbah, dit le Vieux sur la Montagne ou encore le Seigneur de la Montagne, s'adressant à ses disciples vers 1120.)

Les deux fedayin frémissent d'impatience et de joie. Le maître leur a accordé l'insigne honneur de les mander près de lui. Ils ne l'ont jusque-là entr'aperçu que brièvement – une silhouette haute et maigre, des gestes mesurés, un visage impénétrable qu'animent à peine deux grands yeux sombres. Les plus humbles de ses serviteurs n'ont pas vocation à entendre directement ses ordres, encore moins à s'exprimer en sa présence. Ils savent qu'ils ne sont pas dignes de lui, pas prêts à écouter sa parole, et encore moins à la comprendre. Leurs croyances impliquent plusieurs étapes initiatiques, au terme desquelles il faut encore franchir bien des degrés avant d'espérer entrevoir une infime étincelle de vérité. Les deux hommes n'ont qu'une vingtaine d'années, pourtant ils ont compris depuis bien longtemps déjà, que leur long chemin vers Dieu passait par l'obéissance absolue envers Son émissaire. En attendant de recevoir ses ordres, ils murmurent son nom avec dévotion, tête inclinée, mains légèrement tendues vers lui et paumes tournées vers le ciel, pour lui témoigner l'immense respect que le vieux sage leur inspire :

Hasan Sabbah,
Cheikh al-Djabal,
le Seigneur de la Montagne

Les fedayin en posture de soumission ne prêtent pas attention à l'hôte de leur maître, un ambassadeur venu de contrées lointaines. De temps à autre, un des puissants de ce monde fait le déplacement jusque sur ses terres, dans le seul but d'éprouver la puissance de Cheikh al-Djabal. Tous finissent par plier l'échine devant son autorité, car la peur est de son côté. Pour la première fois de leur existence, les jeunes recrues d'Hasan Sabbah croisent son regard. Doux et impitoyable à la fois. Ce regard les caresse et leur inspire un courage sans limites. En quelques secondes, les deux garçons voient s'y refléter leur destin, du début à la fin. Un immense bonheur les envahit.

Un des *rafiq* (lieutenants) d'Hasan Sabbah esquisse alors un geste en direction du mur d'enceinte. À ce signal, le premier fedaï avance d'un pas assuré et grimpe sur les remparts. Sa robe blanche flotte au vent, les pans de son habit, retenus par une longue ceinture rouge, claquent. Rouge et blanc : le sang et la pureté. L'un est le tribut de l'autre. Tous les hommes du Seigneur de la Montagne arborent fièrement ces couleurs. Celui qui est « prêt à se sacrifier » : tel est le fedaï.

En souriant, il accepte la mort en cadeau. Le jeune homme ouvre les bras et se jette dans le vide. Le précipice qui entoure le château d'Hasan Sabbah est si profond qu'il est impossible d'entendre le son mat de son corps s'écrasant sur les rochers. L'ambassadeur étranger n'a pas le temps de se remettre de sa stupeur. Le *rafiq* pointe son index vers le poignard accroché à la ceinture du second fedaï. D'un geste vif et décidé, ce dernier sort son couteau, retourne la lame vers lui et l'enfonce dans sa propre poitrine sans émettre un cri. Il glisse au sol, les yeux exorbités comme sous l'effet d'une vision idyllique, attendant que sa vie finisse de s'écouler, avec son sang, sur les dalles de pierre.

La démonstration a porté. L'effroi a été instillé, tel un poison à action lente dans le cœur de l'ambassadeur. Non seulement il n'oubliera jamais cette vision d'horreur et de mort, mais le récit de ce qu'il vient de voir sera colporté à travers toute la Perse – et bien au-delà de ses frontières, jusqu'en Occident. Hasan Sabbah a adopté la terreur en tant que stratégie politique de dissuasion. Ses adeptes n'ont peur ni de souffrir ni de mourir. Plus encore, ils considèrent leur sacrifice comme un honneur et une bénédiction qui leur ouvrira les portes du paradis. D'un geste de leur maître, ils tuent ou se tuent. La réputation d'Hasan Sabbah fait trembler l'Orient et l'Occident, puis traversera les siècles pour entrer dans la légende : le Seigneur de la Montagne est le chef de la secte des Assassins. À la tête du premier réseau terroriste organisé de l'Histoire.

Humanisme, magie et fondamentalisme

« Hasan, n'oublie jamais : la connaissance est la source du pouvoir. » Ces mots sont gravés dans la mémoire d'Hasan ibn al-Sabbah, depuis sa plus tendre enfance. Chaque jour, son père les lui a murmurés à l'oreille, avant même qu'il ait pu en comprendre le sens. Dès son plus jeune âge, le garçon ne rêve que de suivre l'exemple de son géniteur, négociant d'origine yéménite mais surtout grand érudit et fervent pèlerin musulman chiite. Après être resté pendant plusieurs années à Kufa[1], sur les rives de l'Euphrate (actuel Sud de l'Irak), ce dernier a installé sa famille à Qom, ville sainte et lieu de miracles pour les chiites, où sont conservées les reliques de Fatimah l'Innocente – fille du septième imam, successeur de Mahomet. Peu après la naissance d'Hasan, vers 1050[2], son père décide de partir pour Rey (actuel Iran), citée foisonnante très marquée par les anciennes religions perses, telles que le mazdéisme[3], et présumée ville natale du prophète préislamique Zarathoustra. Ce dernier prêchait le dualisme, c'est-à-dire la coexistence du Bien et du Mal en chaque être vivant : ce principe est repris par l'islam chiite, dans lequel Hasan Sabbah sera rigoureusement élevé, et qui s'impose alors comme la doctrine dominante en Syrie, en Égypte et en Perse, face au sunnisme.

La scission entre ces deux courants de l'islam a été consommée après la mort du prophète Mahomet, en 632. La communauté des croyants est alors définitivement divisée par la question du successeur légitime, le Prophète n'ayant laissé aucune directive : les uns privilégient les liens du sang et désignent Ali, cousin et gendre de Mahomet ; les autres

1. Kufa est alors un lieu où convergent cultures, magies et religions anciennes. Surpeuplée pour l'époque, elle concentre quelques grands propriétaires pour une majorité de travailleurs pauvres et d'esclaves. Kufa est néanmoins un centre culturel important, le creuset de nouvelles religions et courants de pensée, mais aussi l'épicentre de rébellions et de dissidences.
2. Selon les sources, on trouve diverses dates de naissance : le plus souvent 1036, 1048 ou 1050.
3. Ancienne religion de l'Iran comparable au védisme de l'Inde qui, par-delà la prépondérance du monde de la nature, pressent un monde de forces occultes, les *numina*, que la magie et les rituels peuvent invoquer et dévoiler.

préfèrent un de ses plus proches compagnons, Abou Bakr, détenteur de l'autorité et des traditions tribales. Ali sera le premier imam pour ceux qui deviendront les chiites ; Abou Bakr deviendra le premier calife pour les sunnites, majoritaires en nombre dans le monde musulman[1]. À la différence des sunnites, les chiites considèrent que les imams successifs (au nombre de douze) détiennent directement leur autorité de Dieu, que leur interprétation du Coran est infaillible et que le dernier d'entre eux reviendra à la fin des temps, pour juger tous les hommes. Les sunnites acceptent que leur calife soit à la fois un chef politique élu, militaire mais aussi religieux à la simple manière d'un pasteur, tandis que les chiites préfèrent une séparation, pour suivre un leader religieux à l'autorité sacrée et incontestable[2]. En sus de ces deux courants fondamentaux, le Moyen-Orient est divisé en dynasties locales et comprend alors de très nombreuses sectes, dont bon nombre sont des sociétés secrètes initiatrices à tendance apocalyptique.

En 1055, alors qu'Hasan Sabbah est encore un jeune garçon, la situation politique s'inverse : la dynastie turque des Seldjoukides étend son pouvoir à travers la Perse, s'installe à Bagdad et instaure durablement le sunnisme. Les Chiites sont au mieux tolérés, au pire persécutés, par les nouveaux chefs. La ville de Rey fait figure de bastion de résistance chiite et abrite de nombreux mouvements qui y sont rattachés, tels l'ismaélisme. Certains précepteurs d'Hasan Sabbah lui présentent cette récente école de pensée[3] – qui se subdivisera par

---

1. Les sunnites sont les adeptes de la *sunna*, les règles de Dieu. Ils représenteraient aujourd'hui presque 85 % de l'ensemble des musulmans. Face à eux, les seuls pays à majorité chiite sont l'Iran, l'Irak, l'Azerbaïdjan et Bahreïn, avec toutefois d'importantes communautés en Inde, au Yémen, au Pakistan, au Liban et en Afghanistan.
2. Comme celle des ayatollahs iraniens.
3. Fondé au VIIIe siècle après J.-C., l'ismaélisme vise, dans le domaine religieux, à faire triompher l'esprit sur la lettre et la vérité sur la loi. Dans le domaine intellectuel, il ambitionne de libérer l'esprit de tout ce qui pourrait le conditionner.

la suite en nombreuses autres branches religieuses. Entre l'âge de 7 et 17 ans, il n'est pas permis à Hasan Sabbah de jouer ni d'être insouciant comme les jeunes de son âge. Son endoctrinement semble avoir été organisé par son père, dès sa naissance. Il est plongé dans l'étude de matières aussi complexes et diverses que la géométrie, l'astronomie, la philosophie grecque, la poésie persane, la chiromancie, la musique, la calligraphie et la rhétorique. Le jeune homme développe rapidement une exceptionnelle aptitude en l'art de s'exprimer et de persuader, qu'il perfectionnera jusqu'à l'absolue maîtrise. Il commence aussi à se familiariser avec l'œuvre encyclopédique chiite en quatre volumes, les *Épîtres des frères de la pureté* (*Ihwân al-safâ'*), qui circule depuis le début du xe siècle. Ces livres servent alors de référence aux intellectuels chiites et aux mystiques ismaéliens, et se divisent en quatre grands thèmes : les mathématiques, les sciences de la nature, les sciences de la raison (prémisses de la psychologie et de la physique modernes), la théologie et la magie. Une fois les sunnites au pouvoir, les exemplaires de cette compilation savante circulent sous le manteau ; lorsqu'ils sont découverts, leurs possesseurs risquent l'emprisonnement et la torture, tandis que les ouvrages sont brûlés. Le savoir est subversif et Hasan Sabbah en mesure déjà la portée.

Les plus ardents défenseurs de l'ismaélisme, opposants à l'autorité en place, se regroupent à Ispahan (Iran) puis – lorsque celle-ci tombera sous la coupe des sunnites – au Caire, sous la protection du puissant calife al-Mustansir. Hasan Sabbah choisit de se rendre successivement dans ces deux places fortes, afin d'y poursuivre ses études et de s'impliquer en tant que prosélyte ismaélien. Il pense avoir trouvé là sa vocation. L'ismaélisme satisfait son goût de l'élitisme intellectuel. Se convertir secrètement à une religion « dissidente » stimule son appétit d'aventure ; par ailleurs, sa situation de jeune intellectuel privilégié l'autorise à nourrir de grandes ambitions personnelles. La mise en œuvre d'une doctrine religieuse est toujours inséparable d'un solide projet politique. Ses supérieurs dans la hiérarchie ismaélienne ne tardent pas à lui accorder rapidement des responsabilités de plus en plus importantes au sein de leur groupe. Il passe ainsi du statut d'« étudiant religieux » à celui de « missionnaire » ou *dâ'i*. Il devient notamment très proche du fils d'un cheikh puissant en Irak, dans l'Ouest de l'Iran et dans la ville de Rey, Ahmed ibn Attash. Le nouvel ami d'Hasan s'est forgé une réputation haute en couleur : on l'accuse de pillages, tortures et meurtres. Sous couvert d'être négociant en coton, puis précepteur auprès d'enfants de notables, Ahmed ibn Attash s'est peu à peu imposé en tant que leader religieux ismaélien, puis chef de guerre dans la région d'Ispahan. Au plus fort de son influence, il possède son propre château fortifié[1] et une fortune conséquente, constituée du tribut payé par ses quelques 30 000 fidèles. Parmi eux, Hasan Sabbah se détache du lot et s'impose comme un lieutenant charismatique et rusé. Pour autant, Ahmed ibn Attash n'envisage pas de le garder auprès de lui : il pressent l'ambition dévorante de Sabbah et préfère le conserver à distance comme allié de leur foi, plutôt que d'en faire un rival frustré sous ses ordres. Ce qui coïncide d'ailleurs avec les plans du jeune *dâ'i*, bien décidé à voyager pour approfondir ses connaissances et étendre son réseau relationnel.

Vers 1070, Hasan Sabbah est envoyé par son père, pendant plusieurs mois, à l'université de la mosquée de Nishapur (Nord-Est de l'Iran). Il y étudie la politique, la médecine, l'anatomie et surtout, la botanique et l'alchimie, pour lesquelles il montre un talent tout particulier. Hasan Sabbah

1. RAJPUT (Ali Mohammad), *Hasan-i-Sabbah. His Life and Thought*, XLIBRIS, 2013.

aime concocter des élixirs et des poisons, des stimulants et diverses drogues – certaines pour guérir, d'autres pour égarer l'esprit. Cette aptitude lui conférera bientôt une aura de mage parmi ses adeptes. Durant son apprentissage, il côtoie le futur mathématicien et poète Omar al-Khayyam, et Nizam al-Mulk, féru de politique. Les trois amis suivent l'enseignement de l'imam Mowaffak, alors âgé de 85 ans, considéré comme le meilleur professeur du Khorassan (actuel Afghanistan) et le formateur de l'élite persane. À la fin de leur cursus, les trois compères, bien conscients d'appartenir à une caste de privilégiés promis aux plus hautes destinées, se jurent d'utiliser leur amitié pour s'entraider.

La mort en héritage

« La mort libère et révèle les croyants », disait encore le patriarche Sabbah. À sa grande contrariété, Hasan surmonte difficilement le décès de son père. Des émotions contradictoires, qu'il a le plus grand mal à assimiler, le submergent. Il a perdu son géniteur, son mentor, son maître. Désormais, il devra tracer seul sa voie, et accomplir ce pour quoi il a été formé, même si le principal témoin de sa réussite n'est plus là pour contempler son œuvre. Cette idée lui semble terriblement perturbante et contraignante. Son destin est scellé. Hasan Sabbah ne peut plus désobéir. Il ne peut plus abandonner l'idéal imposé par son père. Il doit au contraire s'y consacrer corps et âme. Comme un signe venu de l'au-delà, Hasan Sabbah est contacté, peu après cette disparition, par un émissaire de Omar al-Khayyam, devenu un des plus éminents lettrés et astronomes d'Iran. Il lui apprend que leur ancien condisciple, Nizam al-Mulk, est devenu le grand vizir du sultan Alp Arslan. Une opportunité inespérée de pénétrer les arcanes du pouvoir ! Mais le sultan est sunnite… Il va falloir jouer serré. Son trouble est si grand qu'Hasan Sabbah passe plusieurs jours à méditer, enfermé chez lui ; il ne dort plus, ne mange plus, vivant seulement d'eau et de prières. Finalement, il se décide à rejoindre Nizam al-Mulk à la cour d'Ispahan. Douze jours de voyage depuis Rey dans la chaleur estivale. Lorsqu'il arrive à destination, il est dérouté par le luxe du palais, le nombre de serviteurs, de gardes et de secrétaires ; il se présente mais nul ne le connaît. Hasan Sabbah n'est guère habitué à ce qu'on le tienne pour quantité négligeable ; dans sa ville, il est considéré avec respect et égards. Dans la demeure du souverain d'Ispahan, il n'est personne ! Pendant plusieurs jours, il échoue à obtenir une audience auprès de son ami le grand vizir ; on l'éconduit, on lui rit au nez… Enfin, un secrétaire prend sa requête au sérieux et lui accorde une entrevue. Lorsqu'Hasan Sabbah est introduit auprès de Nizam al-Mulk, les deux hommes se jaugent longuement du regard, avant même d'échanger une parole. Tous deux ont mûri, vieilli, perdu des illusions. En revanche, leur obstination et leur soif de pouvoir ne sont en rien amoindries. Hasan apprend que Nizam a été magistrat à Kaboul, chambellan puis second vizir, avant d'atteindre ce dernier poste au sommet de l'État. Il compte bien affermir sa position, en prenant sous sa houlette le jeune prince Malik-Shah, héritier supposé du sultan, pour lequel il a entrepris d'écrire un *Traité de gouvernement.* Une carrière irréprochable qui ne manque pas de rendre Hasan fort envieux. Nizam, de son côté, a déjoué ou favorisé suffisamment d'intrigues pour reconnaître un potentiel comploteur, lorsqu'il en voit un ! Lorsqu'Hasan lui demande de rencontrer le sultan, Nizam ne s'empresse guère d'arranger la chose. Hasan n'obtiendra cette faveur qu'au bout d'un an. Au préalable, Nizam a pris soin de prévenir le souverain contre son visiteur : à mots choisis, le Grand vizir met en éveil la méfiance du sultan. Il y parvient si bien que, malgré toute son éloquence, Hasan ne capte pas l'intérêt d'Alp Arslan, par ailleurs trop immergé dans ses projets de conquête pour se concentrer sur la conversation du nouveau courtisan ; le sultan projette de prendre Samarcande, après Alep en 1070. Durant les deux années suivantes, Alp Arslan devient maître de l'Asie Mineure, entraînant le prince et son Grand vizir dans ses campagnes militaires.

Pendant ce temps, Hasan Sabbah reste à Ispahan. Il profite de la belle demeure que son ami Nizam a fait mettre à sa disposition et se marie, par souci de conformisme social et religieux. Aucune passion, aucun amour ne l'anime ; il remplit son devoir conjugal sans enthousiasme. Les charmes féminins ne le touchent pas. Considérant avec mépris la nécessité de l'accouplement, la procréation est le seul bénéfice marginal qu'il puisse admettre. Il engendrera une fille et deux fils, lesquels recevront une éducation aussi semblable que possible à la sienne. Hasan Sabbah ne se préoccupe que d'apprendre et prêcher sa foi, avec la subtilité et la discrétion requises par le contexte politique. En secret, il rencontre et se lie avec d'autres prédicateurs, mais l'essentiel de son attention est consacré à l'approfondissement de ses connaissances. Dans la riche bibliothèque du palais, il a accès à des ouvrages interdits ou très rares, tels que l'Avesta, texte sacré de la religion mazdéenne, et à des exégèses ésotériques du Coran, de la Bible et de nombreux textes de la tradition iranienne préislamique[1]. L'ego démesuré d'Hasan Sabbah croît avec son érudition ; sa foi est inféodée à son orgueil et il commence déjà à extrapoler une autre voie religieuse, dont il serait le nouveau prophète, un interprète sans intermédiaire de la parole de Dieu.

1. FRÈRE (Jean-Claude), *L'Ordre des assassins. Hasan Sabbah, le Vieux sur la Montagne et l'ismaélisme*, Grasset, Paris, 1973.

Pour autant, il ne renonce pas à son projet d'accomplissement politique.

Début 1072, le sultan Alp Arslan est de retour à Ispahan ; à 43 ans, il est borgne et malade, épuisé par la prise de l'Empire byzantin, mais victorieux. À ses côtés, Nizam al-Mulk, administrateur hors pair, a consolidé les territoires conquis et fait la démonstration de sa redoutable efficacité ministérielle. Témoin haineux de l'hégémonie du troisième sultan de la dynastie sunnite des Seldjoukides et de l'éclatante réussite de son ancien condisciple, Hasan Sabbah ne voit, dans les signes extérieurs de leur triomphe, que déchéance et corruption : « Durant des mois, ce fut la fête dans Ispahan et dans tout l'Iran. Le vin, habituellement proscrit dans les pays musulmans, coulait à flots. De vastes marchés d'esclaves étaient ouverts un peu partout, dans les villes et jusque dans les petits villages du nord du pays : des Géorgiennes, des Grecques et des Arméniennes étaient vendues à prix d'or. Alp Arslan régnait sur une nation en voie de dissolution : la victoire est souvent grosse de la décadence.[1] »

Le 15 décembre 1072, le sultan Alp Arslan meurt des suites de ses blessures : il a été poignardé quatre jours plus tôt par un prisonnier. Hasan réagit rapidement en apprenant cette nouvelle ; il se rend aussitôt chez Nizam et suggère au Grand vizir de prendre le pouvoir avec lui. Nizam repousse adroitement cette proposition de putsch : il est aussi fidèle au prince Malik Shah qu'il l'était envers son père. Le projet d'Hasan le révulse, pourtant il l'écarte avec ménagements. La sagesse lui suggère que son vieil ami est sur le point de se muer en ennemi redoutable, et qu'il faut gagner du temps pour calmer ses ardeurs.

Évincé par Nizam, Hasan le conspirateur tente de se rapprocher de Malik Shah, devenu le nouveau sultan. Il met en

1. FRÈRE (Jean-Claude), *L'Ordre des assassins*, *op. cit.*

avant son amitié avec Omar al-Khayyam, si grandement apprécié par le souverain qu'il lui fera bâtir l'observatoire d'Ispahan. Hasan Sabbah, l'éternel étudiant, devient un courtisan assidu, et déploie des trésors de diplomatie, afin que Malik Shah lui prête une oreille attentive. Ses efforts finissent par porter leurs fruits. Malik Shah, moins averti que son père des ruses courtisanes, l'écoute si complaisamment qu'il finit par lui confier une mission de la plus haute importance : établir le bilan financier de l'Empire. Nizam al-Mulk en prend ombrage, car cette tâche aurait dû lui être dévolue. Pis encore, Hasan Sabbah se vante de pouvoir l'expédier en quelques mois, alors qu'il aurait fallu deux années entières au grand vizir pour compulser tous les documents et archives, puis en effectuer la synthèse. Hasan s'entoure d'une myriade d'employés qu'il fait travailler d'arrache-pied pour atteindre son but. Les administrations impériales se mettent à son service sur ordre du sultan. Hasan, suffisant et de plus en plus présomptueux, s'enorgueillit de réussir prestement là où Nizam aurait tiré en longueur. Sa vanité lui jouera un bien mauvais tour : il remet son rapport le jour dit, mais son document s'avère si imprécis et lacunaire qu'il est jugé inutilisable par le souverain et ses conseillers. Hasan met cet échec sur le compte de Nizam. Fou de rage d'avoir été ridiculisé devant le sultan et l'assemblée des vizirs, il clame au sabotage, affirmant qu'on a délibérément mélangé les feuillets de son dossier. Y a-t-il effectivement eu malveillance ? À tort ou à raison, son excuse ne passe pas. Malik Shah, vexé d'avoir fait confiance à un incompétent, ordonne son arrestation.

Hasan prend la fuite. Il quitte le palais honteux et furieux. Nizam ne presse pas les gardes impériaux de le débusquer, considérant peut-être qu'il vaut mieux le laisser partir et s'épargner l'embarras d'une procédure. L'importun a été chassé, c'est tout ce qu'il souhaitait.

En chemin, Hasan se retourne vers cette cité, luxuriante et prospère, qu'il s'était promis de mettre à genoux devant lui. Ispahan n'est plus qu'un mirage, vite supplanté par son désir de vengeance.

L'aube des Assassins

Hasan Sabbah retourne à Rey, où il reste quasi cloîtré pendant quatre ans. Il n'est pas recherché, aucunement inquiété par les autorités d'Ispahan, et ce dédain manifeste le froisse considérablement. Il n'est cependant pas désœuvré, loin s'en faut. Il a réorganisé sa vie familiale, mais surtout religieuse, s'entourant de disciples de plus en plus nombreux. Désormais chef spirituel ismaélien, il décide de passer à une phase plus active, avec le soutien de son ancien chef, Ahmed ibn Attash. En 1076, Hasan Sabbah entreprend un périple, au terme duquel il compte asseoir son autorité et s'appuyer sur d'autres leaders, pour fomenter une conjonction de leurs forces et tenter de déstabiliser le pouvoir sunnite en général – et les Seldjoukides tant honnis en particulier. *Préparer la guerre.* Dans cette perspective, Hasan Sabbah est tout à la fois espion, aventurier, prédicateur et agitateur politique. Il repasse quelques jours à Ispahan, incognito, pour renouer avec d'anciens contacts, avant de repartir vers le nord en direction de l'Azerbaïdjan. Il se rend ensuite en Irak, puis en Syrie, récemment reprise à l'imam du Caire par le sultan d'Ispahan. À chaque étape, Hasan Sabbah attise le mécontentement envers le gouvernement seldjoukide, galvanise les troupes de ses alliés et se concilie de nouvelles allégeances. En 1078, il arrive en Égypte, sa destination finale et la plus importante. Il est reçu avec faste par le calife Al-Mustansir – huitième calife fatimide et dix-huitième imam ismaélien – et demeure au Caire pendant au moins un an et demi. Il y fréquente la Maison de la Sagesse ou du savoir (*Beit al-Hikma*) : une université dont la bibliothèque est alors considérée comme l'une des plus grandes merveilles du monde, contenant près de 720 000 ouvrages. Surtout, il y aurait suivi plusieurs initiations par le grand maître des ismaéliens et par le calife lui-même, afin de gravir les derniers échelons dans la hiérarchie de l'ordre. C'est également au Caire qu'Hasan Sabbah découvre certains mélanges à base de haschisch, dont le dawamesk, une gelée sucrée confectionnée à partir de l'extrait gras des inflorescences de cannabis. Le haschisch est alors répandu sous forme de sirops, de fumigations, d'huiles ou de friandises ; contrairement à l'alcool, il n'est pas prohibé par la loi musulmane, mais son usage est autorisé ou interdit selon les gouvernements et les chefs religieux. Hasan Sabbah a lu dans l'Avesta zoroastrien que le *bangha*, comme on l'y surnomme, possède des propriétés abortives, mais qu'il peut également favoriser l'illumination spirituelle. Cette substance, souvent mélangée avec une touche d'opium, provoque un état languide et, selon la personnalité des consommateurs, des rêveries sensuelles ou mystiques. Hasan Sabbah n'ignore rien de ces effets, mais en étudie d'autres : l'insensibilité à la douleur et l'augmentation de l'agressivité. Grâce à ses talents d'herboriste, il teste diverses préparations et mélanges, avec déjà en tête les applications possibles dans l'organisation militaire qu'il compte diriger. Il lui faut des outils subtils pour régner sur ses fidèles – soit, concrètement, les asservir physiquement et spirituellement. Hasan Sabbah est à la fois mystique et pragmatique. C'est pourquoi il étudie et se pare d'une autorité religieuse, autant qu'il fomente ses armes à la manière d'un stratège. Sa doctrine doit être sans faille, pour mieux servir sa détermination politique. Celle-ci n'a jamais été si forte… Pour preuve, en 1080, il tente de réussir au Caire ce qu'il n'a pas su accomplir à Ispahan : supplanter le grand vizir ! Une nouvelle fois, il s'attaque à un rude adversaire : Badr al-Jamali est à la fois le chef de l'armée et le Grand vizir du calife Al-Mustansir, dont il surpasse de fait le pouvoir. Il est le véritable chef du pays et souhaite pérenniser cette situation, en poussant le calife à désigner son plus jeune fils, Mustali, pour successeur. Hasan Sabbah, désormais au sommet de l'ordre ismaélien, pèse de tout son poids religieux pour qu'Al-Mustansir désigne Nizâr, son fils aîné. Cette vive querelle dégénère rapidement en affrontement direct entre Hasan Sabbah et Badr al-Jamali. Elle se perpétuera jusqu'à la mort du calife, en 1094. Peu après, Badr al-Jamali laissera sa place de vizir à son propre fils, Al-Afdhal. Ce dernier imposera Mustali au pouvoir et justifiera ce choix par le témoignage de la sœur du défunt calife, en prétendant que le souverain aurait changé d'avis concernant Nizâr avant de mourir. Nizâr s'enfuira à Alexandrie, conservant le soutien d'Hasan Sabbah. Mais en 1097, Al-Afdhal assiège Alexandrie pour obtenir la reddition de Nizâr. Il parvient à entrer dans la ville, en profitant pour faire exécuter le gouverneur. Mustali, nouveau calife du Caire, ordonne alors que son frère Nizâr soit emmuré vivant. Le plus jeune fils de ce dernier, Al-Hadi, serait parvenu à échapper aux hommes du Caire. Il aurait alors été confié en secret à Hasan Sabbah, qui l'aurait pour toujours gardé près de lui, en tant qu'héritier spirituel de Nizâr et dépositaire de sa foi, pour asseoir son autorité de fondateur du nouveau culte nizârite[1].

L'enjeu de cette bataille épique ne se résume donc pas à une lutte de pouvoir entre Badr al-Jamali et Hasan Sabbah. Pour ce dernier, elle initie son indépendance religieuse et

1. DAFTARY (Farhad), *The Isma'ilis. Their History and Doctrines*, Cambridge University Press, 1990.

marque la naissance de son propre mouvement : un ismaélisme réformé, complètement indépendant de ses origines, que la postérité connaîtra sous l'appellation de « nizârisme » – et qui constituera la clef de voûte mystique de la secte des Assassins.

Le Maître des couteaux trouve son nid d'aigle

Le 4 septembre 1090, Hasan Sabbah s'arrête avec sa troupe de plusieurs centaines de fidèles devant un pic rocheux dominé par une sombre fortification, au cœur d'une vallée située dans le massif de l'Elbrouz, au sud de la mer Caspienne[1]. À 2 175 mètres d'altitude, la forteresse d'Alamut – « nid d'aigle » ou « nid du châtiment » selon les traductions – a été construite voici environ deux cents ans[2]. Hasan Sabbah porte le modeste habit de laine d'un simple maître d'école, cheveux longs, barbe brune légèrement grisonnante ; il écume la région depuis plus de dix mois sous le nom de Dehkhoda. Tous les ismaéliens du pays connaissent pourtant, depuis le début, sa véritable identité. Il fait figure de défenseur des pauvres et des opprimés : la dynastie des Seldjoukides a instauré des fiefs dirigés par des émirs qui pressurent la population avec des impôts et agissent en toute autonomie, de manière souvent tyrannique. Hasan Sabbah, alias Dehkhoda, a patiemment propagé sa propagande et encouragé la révolte du peuple, surtout parmi les petits artisans et les paysans. Pendant plusieurs mois, ses plus fervents zélateurs ont parcouru toute la région pour prêcher clandestinement sa parole et préparer un soulèvement. Hasan Sabbah promet des jours

1. À environ 100 kilomètres de l'actuelle Téhéran.
2. HOURCADE (Bernard), « Alamut », *Encyclopædia Iranica*, Routledge, Londres, 1985.

meilleurs, se pose en homme providentiel, prône le retour à des valeurs fondamentales, fustige la corruption et le népotisme qui rongent le pouvoir en place : « Nos princes sont fatigués et couverts de vices, comme un lépreux de plaies ! » clame-t-il. Ses disciples n'hésitent pas à enjoliver sa réputation, en lui attribuant des pouvoirs surnaturels et en relatant les divers miracles qu'il aurait suscités : au Caire, le doigt de Dieu l'aurait désigné à plusieurs reprises ; on dit qu'il a échappé à un naufrage, que la prison où ses ennemis voulaient l'enfermer a été frappée par la foudre, qu'il a rendu l'usage de ses jambes à un paralytique, qu'il peut guérir les malades d'un seul regard, etc. On dit encore que sa sainteté est telle qu'il n'a besoin ni de boire ni de manger ni de dormir. Aux esprits les plus simples, Hasan Sabbah fait croire qu'il est un puissant mage chéri par Dieu. Aux plus instruits, il se pose en théologien, détenteur de connaissances ésotériques et en sage, dont l'enseignement conduit à l'illumination. À chacun selon son niveau de croyance et de crédulité ! Bénéficiant d'un contexte politique et économique conflictuel, il a donc échafaudé avec succès la mise en œuvre d'un mouvement de résistance envers ses ennemis seldjoukides. Il ne lui reste plus qu'à prendre ses quartiers, pour installer ses troupes et affiner sa stratégie séditieuse. Alamut, très difficile d'accès et perchée à la naissance des cieux, lui semble le lieu parfait. Encore faut-il se débarrasser du seigneur en place, Mahdi, à la solde du grand vizir Nizam al-Mulk. Hasan Sabbah place peu à peu des hommes de confiance parmi la garnison et les employés de Mahdi. Son noyautage fonctionne si bien qu'il serait même parvenu à convertir le bras droit du seigneur à sa cause… Pendant l'été 1090, Hasan Sabbah profite d'un voyage de Mahdi pour achever d'investir la place en toute sérénité, ayant convaincu la population d'Alamut de l'accueillir en nouveau maître. Début septembre, lorsque

Mahdi est de retour, il voit arriver devant le pont-levis de son fief le faux maître d'école, suivi d'une véritable petite armée. Hasan Sabbah lui réclame benoîtement le château. Lorsque Mahdi ordonne à ses gardes de s'emparer de l'intrus, il découvre avec stupeur que plus personne n'accepte de lui obéir ! Hasan Sabbah, jouant les grands princes, mais souhaitant surtout conférer une aura de légitimité à cette invasion, lui offre 3 000 dinars d'or en dédommagement. Le seigneur spolié de son château n'a pas d'autre choix que d'accepter ce pitoyable marché et se retire au bout de quelques jours, avec les quelques serviteurs qui lui restent loyaux. Il n'a plus qu'à informer de cette fâcheuse situation le sultan d'Ispahan et son Grand vizir.

La citadelle d'Alamut, isolée comme une île du reste du monde, est à la fois la cité idéale d'Hasan Sabbah, son laboratoire, son observatoire, son quartier général, son lieu de travail et de culte. Elle deviendra également un temple et un symbole pour ses partisans. Le Seigneur de la Montagne a atteint son premier objectif, en devenant le plus puissant chef religieux d'Iran ; il vise maintenant à renverser l'ordre établi, à la fois temporel et spirituel, n'ambitionnant rien de moins que de réformer et régénérer l'islam dans son ensemble… et selon ses propres convictions. Pour cette dernière raison, bon nombre de ses exigences vont à l'encontre de la tradition musulmane ; pourtant, ses zélateurs, entièrement sous son emprise, acceptent aveuglément toutes ses exigences. Hasan Sabbah exerce une fascination mêlée de crainte sur les villageois des alentours. Et pour cause… Il a certes promis de les libérer du joug seldjoukide, mais il leur impose une nouvelle allégeance. Pour apporter du sang neuf dans ses troupes, il recrute et endoctrine les enfants dès l'âge de 12 ans. Au programme : étude du Coran (selon son interprétation), prières, jeûnes, exercices militaires, maniements du poignard et techniques meurtrières. Les gamins apprennent qu'être un vrai croyant consiste non seulement à mourir, mais aussi à tuer pour sa foi. L'obéissance absolue au Maître des couteaux, c'est-à-dire à leur guide spirituel et guerrier Hasan Sabbah, grand connaisseur en armes blanches, est la condition sine qua non du salut de leur âme. Les enfants sont facilement acquis au seigneur de la forteresse noire. Sa seule vue suffit à conditionner les futurs séides. À l'horizon cristallin, se profilent les sommets neigeux du massif de l'Elbrouz. Des roches rouges escarpées, aux découpes carnassières, défendent le pied d'Alamut, laissant au loin les vergers et les étendues fertiles. L'unique accès au château revêt l'aspect d'un chemin initiatique : « On y monte par de petits degrés, ou plutôt des trous creusés dans la pierre. À l'intérieur des murs, est un village qui travaille activement à voûter les remparts, afin de protéger une garnison, et à creuser dans le roc même de grands bassins destinés à conserver le miel, l'huile, et des aménagements pour le blé.[1] » Les provisions amassées dans les réserves, dont certaines forment des galeries dans le sous-sol, sont prévues pour un siège éventuel de plusieurs mois. Des canaux ont été creusés sur plusieurs kilomètres, pour approvisionner la citadelle en eau. Le bastion d'Hasan Sabbah n'a jamais semblé aussi imprenable. Le seigneur du Nid d'aigle a chassé les chétifs, les malades, les handicapés et les vieillards, hormis quelques sages dont les connaissances pourraient lui être utiles. Environ 200 hommes ont droit de cité permanent dans Alamut. Les femmes, les sœurs et les filles restent dans les villages extérieurs. L'épouse et la fille d'Hasan comptent parmi les proscrites. Les conteurs, les musiciens et autres artistes sont aussi exclus. Le rire et les chants sont bannis. Rien ne doit distraire ou détourner les sectateurs

1. D'après Henry Corbin, cité par Jean-Claude Frère, dans *L'Ordre des assassins*, *op. cit.*

de leur vocation religieuse et guerrière. Excepté la promesse d'un au-delà paradisiaque.

La morale, l'austérité et la religion sont les seules garanties de l'obéissance du peuple : tel est le credo d'Hasan Sabbah. Lui-même se pose en exemple. Il vit dans une pièce au dénuement spartiate, avec une couche rudimentaire. En revanche, plusieurs salles de sa forteresse sont magnifiquement décorées de mosaïques ; un observatoire, équipé d'un superbe télescope, permet de scruter les astres et d'y déceler des bouleversements cosmiques. Surtout, la bibliothèque d'Alamut est un véritable bijou : elle recèle des milliers d'ouvrages précieux, ainsi que des instruments scientifiques. Les visiteurs autorisés à les consulter sont triés sur le volet par Hasan, qui choisit soigneusement ses partisans les plus érudits et dévoués. Ces derniers forment son élite intellectuelle, ses alliés dans tout l'Iran – et bientôt la Syrie – ; ils lui fournissent protections militaire et politique, relaient son autorité religieuse et le financent. Eux-mêmes se targuent d'être les initiés d'Hasan Sabbah, qui ne prennent en considération que l'interprétation ésotérique du Coran, son sens caché appelé le *bâtin*[1]. Les disciples d'Hasan Sabbah dédaignent les croyants qui s'en tiennent au *zâhir* – à l'interprétation littérale du livre sacré de l'islam –, sans pour autant se priver de les exploiter. Le Maître des couteaux n'a aucun scrupule à asservir la cohorte de ses adulateurs en robe blanche et ceinture rouge ; et à leur raconter ce qu'il faut pour les circonvenir. Sa mécanique est bien huilée et soutenue par une stricte hiérarchie : il est le grand maître au sommet de la pyramide, le grand initié qui connaît les desseins de Dieu ; viennent ensuite les *dâ'i*, chargés de l'endoctrinement et du recrutement ; les *rafiq*,

1. Ce terme fait également référence à l'Invisible, celui dont l'existence est cachée : c'est l'un des 99 noms d'Allah.

lieutenants chargés de l'organisation militaire ; puis les fedayin, ses soldats. Les *mourîd*, enfants novices, sont dressés à croire qu'une seule désobéissance peut leur valoir la damnation éternelle. À cette terreur sacrée s'oppose et se mêle l'espoir d'accéder *post mortem* au jardin des délices promis par le Coran, s'ils se battent bien… pour le seigneur d'Alamut. Celui-ci les console d'avoir été arrachés à leur famille, en leur rappelant que Dieu « a destiné aux combattants une récompense plus grande qu'à ceux qui restent dans leur foyer[1] ». Les malheureux y croient d'autant mieux qu'Hasan Sabbah a inventé un extraordinaire stratagème, pour leur en donner un mémorable avant-goût. Fort de ses talents de botaniste et d'alchimiste, Hasan Sabbah utilise le haschisch, qu'il a étudié au Caire, pour droguer les jeunes gens. Pendant leur engourdissement extatique, il les fait transporter dans un jardin spécialement aménagé au cœur de sa forteresse et, pendant quelques heures ou quelques jours, les comble de douceurs et de visions voluptueuses : musique, belles jeunes femmes figurant les houris[2] du paradis, friandises, mets délicats, boissons et vapeurs enivrantes… Cette formidable mise en scène est d'autant plus inoubliable qu'elle contraste avec l'austérité extrême du quotidien de la forteresse noire. On appellera par la suite « Hashischins » les fidèles, à la volonté abrasée par ce rituel fantasmatique, d'Hasan Sabbah.

« Vous voulez connaître vraiment cette félicité éternelle ? demandent les *dâ'i* d'Alamut aux jeunes *mourîd*. Alors prenez le couteau lorsque Cheikh al-Djabal vous le demande ! Frappez l'ennemi pour lui ! Et accomplissez la volonté de Dieu. »

Aussi les Hashischins d'Hasan Sabbah se tiennent-ils prêts à devenir ses Assassins.

1. Coran, KASIMIRSKI (trad.), Garnier-Flammarion, Paris, 1970, IV, 97.
2. Vierges qui attendent les bienheureux au paradis.

Exécuteurs, djihadistes et jeux vidéo

Le 14 octobre 1092, dans la ville de Nahavand, sur la route qui mène d'Ispahan à Bagdad, un forcené déguisé en mendiant se précipite sur la litière du Grand vizir Nizam al-Mulk, âgé de 80 ans. À plusieurs reprises, le tueur plonge un poignard dans la poitrine de sa victime, en criant : « Au nom d'Allah, de la part d'Hasan Ibn Sabbah ! » Puis il se laisse arrêter et exécuter sans prononcer d'autres mots, les yeux hagards et le sourire aux lèvres jusqu'à son dernier souffle. Le vieil ennemi du Seigneur de la Montagne n'est plus. Il a payé le prix pour avoir tenté de déloger Hasan Sabbah de sa citadelle d'Alamut. Cet assassinat sera le premier d'une longue série.

Un à un, Cheikh al-Djabal fait éliminer ses opposants ou ceux de ses alliés par ses tueurs, envoyés seuls ou en petits groupes, et opérant comme des commandos suicide. Ils peuvent s'infiltrer pendant des mois, se lier d'amitié avec leur cible, pour mieux perpétrer leur forfait. Nul prince, nul seigneur n'est à l'abri de ces ombres assassines. Les fedayin sont insensibles à la torture et meurent avec exaltation. Une méthode inédite d'intimidation par la terreur, inventée par celui que les croisés et les occidentaux, au fait de ses actes, surnommeront « le Vieux sur la Montagne ». Dans ses mémoires, il résume son redoutable principe : « Nous ne sommes pas des meurtriers mais des exécuteurs, nous devons agir en public, pour l'exemple. Nous tuons un homme, nous en terrorisons cent mille.[1] »

Capables de frapper n'importe qui, n'importe quand, ses Assassins font trembler tout l'Orient. Ils constituent le bras

1. QUATREMÈRE (Étienne Marc), *Histoire des Mongols de la Perse par Rashid Eddin*, Impr. Royale, Paris, 1836.

armé d'un chef, qui reste lui-même très mystérieux : en trente-cinq ans, il ne sera aperçu, par le peuple environnant Alamut, que deux fois, du haut d'une tour de sa forteresse. Ses déplacements sont tenus secrets. Les communications de bastion à bastion se font par émissaires ou grâce à un système de signaux lumineux. La présence cachée d'Hasan Sabbah, reclus dans sa forteresse noire, entretient sa légende. Sa garde personnelle veille sur lui jour et nuit : des exécuteurs tenant chacun trois couteaux fichés l'un dans l'autre ; la lame du deuxième dans le manche du premier et celle du troisième dans le manche du deuxième, en signe d'inéluctabilité des arrêts de mort prononcés par leur maître. On le sait aussi puissant qu'impitoyable : il a fait décapiter son propre fils aîné, parce qu'il avait comploté contre lui ; le second a été étranglé pour avoir bu du vin, la consommation en étant interdite. Depuis lors, les hommes du Nid d'aigle sont plus que jamais dévoués à leur grand maître, pour qui la vie des mortels – même ceux de sa chair et son sang – n'a aucune valeur au regard de sa foi.

L'armée des Assassins s'emparera de près d'une centaine de places fortes dans le Nord de la Perse, tenues par des dizaines de milliers d'hommes et constituant une sorte d'État autonome. Après le territoire iranien, les lieutenants d'Hasan Sabbah ont essaimé jusqu'en Syrie. On estime qu'il a personnellement envoyé ses tueurs éliminer une trentaine de dignitaires musulmans et une demi-douzaine d'occidentaux. Ses successeurs opèreront de la même manière et perpétueront les meurtres, s'adonnant également au mercenariat, par exemple en faveur des croisés, qu'ils soutiendront face à des chefs de guerre sunnites. Les héritiers de Cheikh al-Djabal ne se dissimulent plus, mais sortent d'Alamut entourés d'une vaste escorte, en robe blanche à ceinture rouge ; devant leurs destriers, deux hérauts ouvrent la marche, en faisant tournoyer des haches à long manche et en criant : « Peuples ! Détournez-vous de devant celui qui porte la mort des rois entre ses mains ![1] »

Hasan Sabbah meurt de maladie en 1124. Pendant plusieurs mois, ses disciples ne touchent pas à son corps et attendent vainement sa résurrection, avant de désigner parmi eux le premier des sept grands maîtres, qui se succèderont jusqu'en 1256. À cette date, le Nid d'aigle sera alors entièrement détruit par les Mongols et la bibliothèque réduite en cendres. Le règne du Seigneur de la Montagne et de ses héritiers aura duré cent soixante-huit ans. Suffisamment pour entrer dans l'Histoire et rester gravé dans la mémoire collective.

11 septembre 2001. Les *Twin Towers* de Manhattan s'effondrent, faisant 2 977 morts et plusieurs milliers de blessés. Cette monstruosité est l'œuvre d'un homme, dont la silhouette rappelle celle d'Hasan Sabbah : même type d'accoutrement, même gestuelle, même regard exalté… Les méthodes et le discours du Vieux sur la Montagne se répercutent à la manière d'un leitmotiv sinistre, neuf cents ans plus tard. La méthode de recrutement reste la même et fait des émules à la tête de divers réseaux terroristes : on endoctrine des jeunes en mal d'idéal, de repères, d'aventure, d'absolu, pour essayer d'ébranler les démocraties et faire le djihad.

13 novembre 2007. Dès sa sortie, les ventes du jeu vidéo *Assassin's Creed* (« Le Credo de l'Assassin ») dépassent les huit millions d'unités. Ce succès sans précédent est décliné en courts-métrages, romans et bandes dessinées. Les Assassins

1. WALLON (Henri), *Saint Louis et son temps*, Hachette, Paris, 1875, MDCCC LXXVIII, chap. XI.

débrident la pop culture. L'univers du jeu évolue entre un XXIe siècle réinventé et l'univers médiéval des nizârites d'Hasan Sabbah. La frontière entre fiction et réalité, bien et mal, se trouve abrasée.

Un credo, attribué aux Assassins par le philosophe Friedrich Nietzsche, en 1885, dans son essai *Ainsi parlait Zarathoustra*, est adopté comme fil conducteur de l'histoire : « Rien n'est vrai, tout est permis. » Tout est dit.

Chapitre 2

TOMÁS DE TORQUEMADA
LA PESTE DE L'ÂME

« Celui-là seul entrera dans le Royaume des Cieux qui aura fait la volonté de son Père. »

(Matthieu 7, 21.)

Attachés au pal, quarante-deux squelettes grésillent au milieu d'un gigantesque brasier, dont les flammes lèchent, de leur obscène fumée grasse et noire, les toits de Ciutad Real[1]. Ce 15 mars 1485, les dépouilles en état de décomposition plus ou moins avancée, de quarante-deux défunts déclarés hérétiques et apostats, ont été déterrées de leur sépulture, traînées à travers les rues de la ville et hissées sur le bûcher[2]. Toute la ville est réunie sur la grand-place, notables et gueux, commerçants et mendiants, du plus jeune au plus vieux. Présence obligatoire sous peine de représailles. « *Christi nomine invocato* », susurrent avec componction les juges du Saint-Office, tandis que s'élèvent les sombres volutes. Leur estrade

1. Ville de Castille, à 200 kilomètres au sud de Madrid.
2. MOLÈNES de (Émilie), *Torquemada et l'Inquisition. La jurisprudence du Saint-Office, l'enfant de la Guardia, le cœur et l'hostie, sortilèges et vénéfices, sentences et autodafés, l'expulsion des juifs, les procès à la mort*, Chamuel, Paris, 1897.

offre une vue imprenable sur le brasier. Ils reprennent avec virulence : « Qu'interviennent maintenant ou se taisent à jamais ceux qui voudraient défendre les condamnés : leur mémoire, leur fortune et leurs os ! » Bien sûr, nul n'ose répondre à cette injonction. Le tribunal scrute, pendant quelques minutes, la foule réduite au silence. Les familles de ces morts seront chassées de leur maison, spoliées de leurs biens et traquées pour être, à leur tour, condamnées ou bannies de leur pays. Tous ceux qui s'y opposeraient sont susceptibles de subir le même sort.

Une silhouette haute et maigre se détache sur le parvis de l'église San-Pedro, vêtue d'un long manteau, muni d'un capuchon noir recouvrant une tunique de laine blanche. D'un bref signe de tête, il prend congé des juges. Le plus redouté des « Frères Noirs », comme on appelle parfois les membres de l'ordre des Dominicains, quitte prestement les lieux. Ici, tout est dit. D'autres affaires l'appellent au service de Dieu. Il est habité par Sa volonté, qui lui commande d'arracher les racines du mal. « La tâche est bien vaste… jamais de répit pour les âmes pures », se dit-il en humant l'air vicié par les cendres des hérétiques calcinés. D'un geste sec, l'oiseau de mauvais augure rejette sa pèlerine pour enfourcher un destrier, non sans réprimer une grimace : cheville et genou droits sont enflés par la goutte, la douleur ne manque pas de se réveiller chaque soir[1]. Une simple épreuve pour mesurer sa ténacité et lui rappeler la faiblesse de la condition humaine. Il marmonne trois *Pater noster* et deux *Ave Maria* pour en remercier le Ciel, tout en piquant des deux sa monture, aussitôt suivi par une cinquantaine de gardes du corps à cheval et 200 fantassins. Tomás de Torquemada, le Grand Inquisiteur d'Espagne, craint pour

1. BERNÁLDEZ (Andres), *Memorias del reinado de los Reyes Católicos*, Real Academia de la Historia, Madrid, 1962.

sa vie, constamment menacée par les impies, comme celle de ses plus zélés émissaires. Il n'omet pas le sort qui a été réservé à ses prédécesseurs : Konrad von Marburg, tué le 30 juillet 1233 par des chevaliers au service d'Henry II comte de Sayn[1], qu'il avait accusé d'orgies sataniques ; puis Pierre de Vérone[2], massacré à coups de serpe dans le crâne en Italie, le 6 avril 1252. L'assassin de ce dernier, le cathare Carino, avait pris conscience de son immonde crime en prison et s'en était évadé pour entrer chez les dominicains, afin d'y expier sa faute ! Preuve éclatante, s'il en était besoin, de la portée rédemptrice de la sainte Inquisition. Perdu dans ces pensées, Torquemada et sa suite prennent la route de Madrid.

Ils arriveront à destination sans encombre, quelques jours plus tard. Tomás de Torquemada, malgré ses 65 ans, garde l'œil et l'esprit vifs. Il maintient une poigne de fer sur l'organisation inquisitoriale, dont il est le grand ordonnateur. Son voyage le conduit à son siège, au monastère Saint-Thomas d'Avila. La construction de son havre de paix a commencé trois ans plus tôt ; il y reviendra souvent, pour y prendre du repos. Il envisage même de s'y faire inhumer, lorsque son heure sera arrivée. En attendant l'ultime quiétude, il doit inspecter les prisons madrilènes du Saint-Office et vérifier que ses consignes y sont appliquées à la lettre.

Purification des impies et « cure de l'eau »

Juana Yepes est une jeune femme bien charpentée de 19 ans. Le tortionnaire la jauge du regard, estimant la solidité

1. Saint-Empire romain germanique.
2. Frère prêcheur, il reçut ses habits de Saint-Dominique (1170-1221) lui-même. Issu d'une famille cathare, il aurait pourtant envoyé tant d'hérétiques au bûcher qu'il était convaincu de mourir un jour de mort violente…

de ses articulations, la souplesse de ses muscles, le volume de ses poumons… « De constitution plus chétive, elle aurait souffert moins longtemps », en conclut-il. Pour l'instant, la prisonnière reste debout, en chemise, attendant que son sort soit réglé. L'humidité de cette cave voûtée plaque le tissu contre sa peau. Elle frissonne de froid et de peur. Juana a perdu la notion du temps ; il ne s'est écoulé que deux mois, qui lui paraissent une éternité, depuis son arrestation. Enfermée dans un cachot, privée de tout contact extérieur et de la lumière du jour, elle est complètement désorientée. Elle prie pour que ses parents et son mari soient saufs. La jeune femme est la première de sa famille à avoir été convoquée par les serviteurs du Saint-Office ; il lui a fallu obtempérer immédiatement, car ne pas se présenter devant eux aurait constitué, de fait, un aveu de culpabilité. D'ailleurs, de quoi l'accuse-t-on ? Mystère… Telle est la loi des inquisiteurs : ne jamais dévoiler le chef d'accusation. Frère Torquemada leur a enseigné que la vérité doit transparaître d'elle-même. Le pécheur doit avouer son crime, sans qu'on le lui ait préalablement révélé, condition sine qua non pour qu'il puisse revenir dans le droit chemin ! De cette ignorance, surgit l'effroi entretenu par les serviteurs du Saint-Office ; une interrogation lancinante qui enfle jusqu'à envahir tout le champ de la pensée, ne laissant aucune place à l'espoir. En cet obscur XVe siècle, l'Inquisition invente une méthodologie de la terreur – qui sera reprise avec succès, durant les siècles suivants, par toutes les polices secrètes et par tous les systèmes totalitaires. Tout le monde a quelque chose à se reprocher, à avouer. Il faut inventer de quoi on est coupable, sous peine d'aggraver son cas : « Sais-tu ce qui t'est reproché ? Quand t'es-tu confessée pour la dernière fois ? » Juana est comme les autres : à l'instar d'une bête affolée prise au piège, elle a d'abord cherché à s'accuser de fautes légères. Peut-être a-t-elle oublié de se signer en passant devant une statue de la Madone, ou a-t-elle été tentée par un aliment interdit un vendredi saint ? Peut-être a-t-elle caressé une idée impure ? Elle les a inutilement suppliés de l'aider. Ses accusateurs ont hoché la tête, le scribe a méticuleusement consigné ses déclarations en latin – langue officielle de l'Église. Autre point sur lequel Tomás de Torquemada se montre intraitable : toute parole recueillie par les autorités inquisitoriales doit être rédigée, puis archivée, en un lieu tenu au plus grand secret, derrière une porte munie de trois serrures, actionnées par trois grands inquisiteurs. « Trois, trois, trois, la Sainte-Trinité veille », Torquemada aime à se le répéter. Il aime l'ordre, le dogme, les règles qui bannissent le doute et tiennent toute tentation à distance, dans un monde parfaitement circonscrit. Il bénit la bureaucratie, qui fige les actes et les mots, pour mieux domestiquer le cours de l'Histoire. Le Frère Noir a fixé une procédure immuable. Ses inquisiteurs n'agissent qu'en présence de cinq assistants : le prêtre du diocèse, le procureur[1], un notaire ou greffier pour établir le procès-verbal, un médecin chargé de surveiller l'état de santé des accusés, un avocat des prisonniers spécifiquement attaché au Saint-Office. La nasse est prête. On débute par un serment sur les évangiles, puis vient l'interrogatoire d'état civil, sur la vie quotidienne du détenu et sur ses proches. Toutes les ruses sont acceptables, y compris le mensonge, l'alternance de douceur et de menaces, afin d'obtenir les aveux. En cas de difficultés – d'autant plus fréquentes que l'accusé est obligé de se défendre à l'aveugle – le « patient » est soumis à *la question*. La torture est couramment intégrée au processus juridique, pratiquée à la fois par la justice séculière et, depuis 1252, par les autorités ecclésiastiques, suivant certaines limites : interdiction

1. Dit « du fiscal », il prépare l'instruction. Contrairement aux inquisiteurs, il peut accuser le prisonnier de crimes ou délits étrangers à la seule foi.

de faire couler le sang ; de tuer l'accusé pendant la séance, sinon par accident ; de supplicier femmes enceintes, vieillards, filles de moins de 12 ans et garçons de moins de 14 ans. Il sera, a posteriori, impossible de connaître le chiffre exact des suppliciés pendant l'Inquisition espagnole, cette partie de la procédure ne faisant généralement pas l'objet d'un enregistrement écrit[1]. Pour être recevables, les aveux obtenus sous la torture doivent être réitérés par la suite. Tomás de Torquemada apprécie et respecte tout particulièrement ce dispositif. Il perçoit la question avec une acuité théologique tout à fait singulière : comme un moment intime et précieux, au cours duquel le mécréant parvient à distinguer la lumière divine.

En quelques secondes, Juana est entièrement dévêtue. On lui ôte ses fers. Dans le silence pesant de la salle des tortures éclairée aux flambeaux, elle n'ose même pas crier, implorant vainement du regard les hommes en robe noire. Un voile recouvre le grand Christ accroché au mur sur sa croix, pour l'empêcher d'être témoin de ce qu'on perpétue en son nom. Le bourreau et son aide encagoulés s'emparent de l'accusée, l'entravent serrée en extension sur une échelle de bois, qu'ils installent en oblique, afin que ses jambes soient surélevées par rapport à sa tête. Elle ne se débat pas, épuisée par les interrogatoires, l'angoisse, le manque de sommeil et de

1. Sans compter les documents perdus, comme en août 1559, lorsque l'immeuble et les archives du Saint-Office ont été incendiés, après le décès du pape Paul IV. Ou bien encore en 1810, lorsque Napoléon a transféré à Paris une grande partie des archives du Vatican, y compris les registres du Saint-Office ; après sa défaite en 1815, beaucoup de ces dossiers ont été dispersés ou détruits. Les chiffres ou les statistiques, concernant les condamnations à mort ou les actes de torture, pratiqués par l'Inquisition espagnole, ne seront donc jamais connus ni estimés de manière fiable. Dans son *Histoire critique de l'Inquisition espagnole* (Paris, 1817-1818), Juan Antonio Llorente, espagnol libéral, exilé à Paris et ancien secrétaire du Saint-Office espagnol, estime que sous Torquemada, 10 220 personnes ont été brûlées. On a aujourd'hui tendance à ramener ce chiffre à 2 000 bûchers. La circonspection est, de toute façon, nécessaire : le débat sur l'Inquisition est loin d'être clos. Il suscite une polémique où s'expriment des convictions fondamentalistes, favorables aux idéaux d'extrême droite.

nourriture. Des jarres d'eau sont alignées contre un mur. Elle devine ce qui se prépare. Prise de panique, la jeune femme halète, essayant de respirer aussi profondément qu'elle le peut encore. Le médecin inquisitorial se penche sur la prisonnière, l'examine sommairement et certifie sa bonne condition physique préalable à la « séance ». Un linge de coton est engouffré dans la bouche de Juana et pénètre dans sa gorge, lui recouvrant également le nez. Ainsi commence le calvaire de la *toca* (la « coiffe »). Une à une, les jarres sont vidées. Plusieurs litres d'eau humectent progressivement le tissu, provoquant une lente asphyxie ; le réflexe œsophagien oblige la victime à avaler le liquide. Un litre, trois litres... six litres. Dans les *Instructions*, un manuel pratique qu'il a entrepris d'écrire, à partir de 1484 et à l'usage de ses disciples inquisiteurs, le frère Torquemada préconise de ne pas aller au-delà de huit litres, au risque de perdre le patient.

Juana s'étouffe et se noie. Son ventre est tendu comme une peau de tambour. Un des inquisiteurs s'approche et, sachant que cette intervention ne sera pas prise en note par le scribe, il lui égrène diverses fautes dont elle se serait rendu coupable. La jeune femme, d'origine juive, a été convertie au christianisme, mais des témoins ont détecté des « signes » donnant à penser qu'elle continue à pratiquer sa religion d'origine en cachette – trahison gravissime, qui ferait d'elle une hérétique passible d'une condamnation à mort : « On t'a vu porter des vêtements de lin propre le samedi, et allumer des lampes avec de nouvelles mèches le vendredi soir ! Inutile de nier, tes pratiques sont évidentes... Tu refuses de toucher aux plats de porc, ta cheminée ne fume jamais le samedi... On observe le shabbat[1] dans ta maison, avoue-le, ne t'entête pas,

1. Jour de repos assigné au septième jour de la semaine juive, le samedi, qui commence dès la tombée de la nuit du vendredi soir.

sauve ton âme ! » Le prêtre secoue la tête d'un air faussement consterné. Les tourmenteurs suspendent leur sinistre tâche et soulèvent une partie de la *toca*. La jeune femme gémit, reprend un peu son souffle, ses lèvres décolorées s'agitent dans un murmure frénétique. L'inquisiteur comprend qu'elle acquiesce aux accusations. Le greffier commence déjà à établir le procès-verbal, que ratifieront le procureur et l'avocat de la prisonnière – dont le rôle se borne à conseiller de passer aux aveux, pour demander la clémence des juges. Juana devra encore donner les noms de ses complices, en gage de sa repentance. Alors seulement pourra-t-elle bénéficier de la miséricorde inquisitoriale et avoir la chance d'être étranglée, avant d'être brûlée sur le bûcher. À défaut, elle subira l'épouvantable châtiment des non-repentis : brûlée encore vivante, à petit feu, sur un brasier constitué de bois vert – il faut compter au moins trois quarts d'heure d'agonie avant la délivrance du trépas... Juana est détachée. Elle se laisse tomber sur le sol glacé, son corps secoué d'irrépressibles soubresauts, alors qu'elle commence à vomir l'eau. Tomás de Torquemada contemple avec dédain cette chair vulnérable. Le Grand Inquisiteur est satisfait de constater que nul frisson concupiscent ne vient à le troubler. Il est étranger à la convoitise, n'ayant aucun souvenir d'avoir jamais connu ces affres, qui conduisent les autres hommes aux pires sottises. Aucune tentation diabolique ne trouble sa justice ni n'obscurcit son jugement. En revanche, son corps et son âme sont traversés d'un frémissement délicieux à chaque fois qu'il entend des aveux. Quelle sensation merveilleuse que celle d'extirper le péché, de terrasser la Bête ! Son âme s'en trouve assainie et élevée à chaque fois. Torquemada, jusque-là assis un peu à l'écart, ajuste avec une satisfaction non dissimulée les pans de son habit, avant de quitter le cachot. Une fois de plus, *la question* a dévoilé l'impiété et forcé le démon à abattre son jeu.

Les racines du Mal

Tomás de Torquemada sait que le pouvoir s'épanouit avec plus de vigueur dans le secret et les ténèbres. Il évoque rarement son passé, jamais ses origines. Aucune allusion à ses parents. « Dieu est notre seul Père. » Né en 1420 à Valladolid (Castille), il est éduqué à l'abbaye San-Pablo de la ville, fief dominicain qui l'accueille dans son ordre. Son oncle, théologien pontifical et cardinal, Juan de Torquemada, le prend sous sa houlette. Il lui transmet le goût de l'étude et de l'ascèse. En revanche, les deux hommes suivront un chemin spirituel radicalement opposé.

Le cardinal Juan de Torquemada est un amoureux des belles-lettres, auteur d'une quarantaine d'ouvrages, parmi lesquels le premier livre illustré italien, *Les Méditations*, ouvrage de dévotion exaltant la nature virginale et la beauté spirituelle de l'Immaculée Conception. Docteur en théologie à 37 ans, il étudie à Salamanque puis à Paris. Il est un modèle de rigueur et d'humanisme pour ses frères dominicains. Écrivant et voyageant sans relâche, il est l'exemple d'une élite intellectuelle et religieuse ouverte sur le monde, empreinte de tolérance. En 1439, il est cardinal titulaire de Saint-Sixte, évêque de Palestrina, de Cadix, d'Orense, de León, mais ne réside que peu dans tous ces sièges épiscopaux, car il deviendra le conseiller personnel de plusieurs papes : Eugène IV, Nicolas V, Calixte III, Pie II et Paul II. Lorsque son neveu Tomás, le futur Grand Inquisiteur, a 11 ans, il est prieur du couvent dominicain de Valladolid et de Saint-Pierre-Martyr à Tolède. En 1458, à la mort de Calixte III, il aurait même été pressenti pour l'élection au pontificat ; le cardinal Enea Silvio Piccolomini lui a été préféré, mais Juan de Torquemada reste un personnage essentiel des arcanes ecclésiastiques. Son influence s'étend du plus haut niveau jusqu'aux simples frères de son ordre, dont il fait la fierté ; il prête une attention particulière à la formation des prédicateurs, et professe la stricte observance de la règle des Frères Prêcheurs. En 1461, il devient conservateur de la bibliothèque du Saint-Siège (à laquelle il lègue sa propre collection d'ouvrages de droit et de théologie) et s'efforce de développer l'imprimerie dans les centres universitaires.

Juan de Torquemada estime son neveu Tomás, et l'aide à s'élever rapidement dans la hiérarchie cléricale, mais un abîme les sépare l'un de l'autre. Tous deux consacrent leur existence et leur foi à un idéal de pureté, pourtant chacun l'interprète très différemment. Le cardinal Juan suit les préceptes de saint Paul prônant que « Dieu a sauvé chacun de nous, et chacun de nous vaut le sang de Dieu ». L'Église est pour lui semblable à un « corps mystique », qui propose la rédemption à tous, indépendamment de la condition sociale, du sexe ou de la communauté ethnique : « Il n'y a plus ni Juif ni Grec, il n'y a plus ni esclave ni homme libre, il n'y a plus ni homme ni femme ; car tous vous êtes un en Jésus-Christ.[1] » Son éminence défend l'argument que l'Église a été fondée par des juifs convertis et que Dieu a parlé en premier au peuple d'Israël, mais son neveu sera loin d'être aussi ouvert. Le nom de Torquemada restera malheureusement gravé dans les mémoires, pour les excès et l'intégrisme du neveu plutôt que pour la bienveillance et l'intégrité de l'oncle !

Entre les deux prélats, la rupture apparaît avec netteté dès 1449, lors de l'affaire de Tolède : une sanglante révolte populaire s'élève contre des collecteurs d'impôts, chargés de lever des fonds pour l'armée royale de Castille. Ceux-ci sont des *conversos*, c'est-à-dire des juifs convertis au catholicisme, également qualifiés de « nouveaux chrétiens » – par opposition

1. (Galates 3, 28.)

aux « vieux chrétiens » d'ascendance non-juive. Cet événement fait suite à une vague de violences contre les juifs[1], qui sévit depuis le milieu du XIVe siècle. En 1391, les émeutes anti-judaïques ont atteint un paroxysme dans toute l'Europe. Plus de 4 000 personnes ont été éliminées à Séville ; la communauté de Barcelone a été anéantie. Le drame s'est reproduit dans plus de 70 cités ibériques. Les juifs sont accusés d'être à l'origine de la peste noire, de sacrifices humains, de profanations d'hosties. Dans les royaumes chrétiens, pillages et tueries se multiplient. On détruit des manuscrits hébraïques ; on bannit les juifs de certaines villes (par exemple Strasbourg) ou bien on les parque dans des quartiers spéciaux, tels que les ghettos (en Italie), les *juiveries* (en France) et les *juderías* (en Espagne, dès 1412).

À Tolède, cette haine ancestrale s'élargit, en juin 1449, aux *conversos*, devenus à leur tour boucs émissaires accusés d'user, de phagocyter et de contrôler secrètement la société. La théorie du complot est déjà d'actualité... L'appel au meurtre ne tarde pas à suivre. Les *anti-conversos* prennent les armes et massacrent ces nouveaux chrétiens honnis ; toute la ville est à feu et à sang pendant plusieurs jours. Le soulèvement s'apparente à un règlement de comptes, dont l'origine devient patente. Depuis la fin du XIVe siècle, un grand nombre de juifs ont été contraints de se convertir sous peine de mort. Certains d'entre eux sont parvenus à s'intégrer avec succès dans la société chrétienne, ce qui a attisé frustrations et jalousie chez les vieux chrétiens. Le 5 juin 1449, la municipalité

1. Dès 1215, le quatrième concile du Latran – qui renforce politiquement l'emprise du Saint-Siège sur la chrétienté occidentale – a encouragé les mesures discriminatoires contre les juifs, comme l'obligation de porter un costume et des signes distinctifs : par exemple, le long manteau noir, la barbe, ou encore la rouelle de tissu jaune. Les juifs sont alors considérés, par une partie du clergé, comme responsables de la mort du Christ. Par ailleurs, le prêt à usure, interdit par l'Église aux chrétiens, attise considérablement le sentiment anti-judaïque pendant tout le Moyen Âge.

de Tolède, dirigée par l'alcade[1] Pedro Sarmiento, s'appuie sur des textes tirés du droit canon et du droit civil, et invente divers crimes ou hérésies commis par les *conversos* pour leur interdire, par décret, toute fonction publique ou ecclésiastique ainsi qu'un grand nombre de charges privées. Tous les nouveaux convertis sont chassés des postes importants de la ville. C'est la promulgation du premier statut espagnol de « pureté de sang », la *limpieza de sangre*, qui se répandra peu à peu dans toute l'Espagne : pour vivre et travailler librement, il faudra démontrer au terme d'une enquête coûteuse et aléatoire, qu'on est catholiques depuis trois générations.

Un débat théologique et politique s'engage aussitôt sur la légitimité de ce décret, qui crée un désastreux précédent. Beaucoup d'ecclésiastiques s'efforceront d'empêcher la chasse aux nouveaux chrétiens, d'autant que parmi les dignitaires de l'Église se trouvent également des *conversos.* Le dominicain Juan de Torquemada est l'un de ces défenseurs : sur ses conseils, le pape Nicolas V émet une bulle qui condamne le décret de « pureté de sang ». Réfutation hélas provisoire, car le saint-père, soumis à une forte pression politique et fragilisé par la maladie[2], revient sur sa décision et décide finalement d'approuver ce statut ségrégatif en 1451. Tomás de Torquemada, alors âgé de 31 ans, n'est pas encore en position de faire entendre sa voix sur l'affaire de Tolède, mais son opinion est faite et sa cible désignée. Peut-être discerne-t-il également une opportunité pour surpasser son illustre parent, en matière de pouvoir et d'influence… et pour mener sa propre croisade à l'intérieur même de son pays. « L'ennemi doit être chassé de l'intérieur », il en est bien convaincu. Selon

1. Autrefois, un alcade était un fonctionnaire de justice ; aujourd'hui, c'est un maire.
2. De mauvaise constitution, il était sujet à la goutte et aux fièvres. Il est mort à l'âge de 57 ans.

lui, les relaps[1], les faux convertis et les marranes[2] infestent l'Espagne. Il consacrera sa vie à les traquer. Son obsession de la pureté s'applique à lui-même, dans une moindre mesure. Torquemada se mortifie, s'impose le cilice (chemise de crin provoquant de douloureuses irritations cutanées), pour éprouver sa volonté et sa soumission à Dieu. On dit qu'il ne mange pas de viande et qu'il dort peu, allongé sur une planche de bois. En 1452, il est nommé prieur du monastère de Santa-Cruz, à Ségovie. Il assumera cette fonction pendant vingt-trois ans, méprisant obstinément toute autre charge. En attendant son heure, qui ne manque pas d'arriver. Sa réputation de dévotion et son austérité lui vaut bientôt l'honneur d'être nommé confesseur de l'infante Isabelle de Castille, âgée d'une dizaine d'années. Torquemada grandit en puissance dans l'ombre de la fillette, profitant de son statut de précepteur pour former son jeune esprit, lui inculquer la crainte de Dieu et ses devoirs de future souveraine. Il spécule avec justesse sur l'avenir, se joue avec subtilité des émotions enfantines, alterne douceur et rudesse. L'infante ne doit rien lui cacher, contrainte d'exposer son âme innocente sans dissimuler aucun de ses rêves, de ses désirs, de ses espoirs. La mère d'Isabelle[3] est atteinte de démence. Depuis son plus jeune âge, la petite fille se réfugie dans la lecture des Évangiles et des récits de chevalerie ; d'un tempérament à la fois volontaire et réservé, elle a trouvé consolation dans la religion, encouragée dans cette voie par la très pieuse dominicaine Béatrice de Silva Meneses[4], qui lui a enseigné à faire la

1. Chrétiens retombés dans l'hérésie, à laquelle ils avaient précédemment renoncé.
2. Juifs de la péninsule ibérique, convertis de force au christianisme et soupçonnés de pratiquer en secret leur religion ; qualifiés de « *marranos* » (« porcs »), dans un premier temps en guise d'insulte, par ceux qui ne croyaient pas à la sincérité de leur conversion. Ce terme passe ensuite dans le langage courant.
3. Isabelle de Portugal.
4. 1424-1492 : future sainte Béatrice, canonisée en 1976.

charité aux plus pauvres. Mais lorsque Torquemada succède à Béatrice auprès d'Isabelle, c'est surtout son sens de l'intransigeance et sa détermination qu'il cherche à développer. En grandissant, la future reine doit déjouer de nombreuses intrigues pour préserver sa vie et parvenir au pouvoir. L'élève de Torquemada est douée. En 1474, Isabelle la Catholique se proclame reine de Castille, après avoir épousé son cousin Ferdinand II d'Aragon le 19 octobre 1469 : un mariage politique favorisé par son dévot précepteur, désormais hissé au rang de confident du jeune couple. Il sera également leur âme damnée… En 1479, Ferdinand hérite de la couronne d'Aragon, et règnera avec Isabelle sur l'ensemble de l'Espagne réunifiée lorsqu'ils auront repris le royaume de Grenade, occupé par les Maures jusqu'en 1492. Tous deux y gagneront le titre de « Rois Catholiques », proclamé par le pape Alexandre VI Rodrigo Borgia, dit « le débauché » eu égard à ses mœurs dissolues. Cette distinction bouclera le dernier épisode de la Reconquista : la reconquête des royaumes musulmans de la péninsule ibérique par les souverains chrétiens, qui s'est étirée sur plus de sept cents ans. Leur victoire est immense. Un seul royaume, une seule religion ! Tel est le credo des nouveaux souverains d'Espagne. Et celui de leur confesseur.

Dès 1478, Tomás de Torquemada a commencé, pour de bon, sa propre guerre sainte. Le seul qui aurait pu lui faire entendre raison, son oncle Juan, est mort dix ans plus tôt ; le bon cardinal n'assistera pas à la dérive meurtrière de son protégé. Torquemada entend faire de l'Espagne le royaume de la vraie foi et débarrasser définitivement le pays de tous les impies. Il s'en donne les moyens en faisant instaurer l'Inquisition par Isabelle et Ferdinand : tous deux obtiennent la permission du pape Sixte IV qui, après moult hésitations et revirements, leur accordera également, le 1er novembre 1478, le droit de nommer les inquisiteurs. Suivant cette disposition, il permet aux souverains d'avoir seule autorité sur le tribunal espagnol du Saint-Office : mesure remarquable, puisque les Inquisitions instaurées en Europe depuis le XIIIe siècle ont toujours été directement placées sous contrôle ecclésiastique. L'Inquisition espagnole relève donc de l'exception, conçue et orchestrée, dans la coulisse du pouvoir, par un seul homme.

En 1480, le tribunal de l'Inquisition est en place. Le 27 septembre, Juan de San-Martin et Miguel de Morillo en sont les deux premiers représentants. Le 1er janvier 1481, à la suite d'un séjour de Ferdinand et Isabelle à Séville, les notables andalous sont enjoints de livrer leurs *conversos* et leurs relaps, sous peine d'être excommuniés. Une conjuration tente de s'y opposer, mais le 6 février 1481, neuf comploteurs, hommes et femmes, sont brûlés vifs… Les délations se succèdent à mesure que la peur submerge la péninsule. Toute révolte est punie de mort. Le Vatican a nommé cinq inquisiteurs pour l'Espagne. Tomás de Torquemada est bien sûr l'un d'eux : dès 1478, il est proclamé « responsable de l'institution royale de Castille ». En 1483, il prend le titre d'inquisiteur général de Castille puis celui d'Aragon. À la fin de cette même année, il devient le chef incontesté du conseil de l'Inquisition suprême et générale, la *Suprema*, pour l'ensemble du territoire. Autant considérer qu'il règne alors sans partage sur l'Église espagnole, et qu'il détient une influence sans précédent sur le pouvoir temporel, incarné par le couple royal.

Tomás de Torquemada fait trembler le peuple d'Espagne, du plus humble au plus puissant, de la cour jusqu'aux hameaux les plus reculés. Dans les grandes villes, des tribunaux permanents sont installés. Le reste de la péninsule n'est pas épargné pour autant. Nul n'échappe à l'œil acéré des inquisiteurs itinérants, ou aux centaines de volontaires qui se mettent à leur service et qu'on appelle « les familiers du Saint-Office ». Les chiens sont lâchés. La meute zélée de ces funestes collaborateurs suscite les dénonciations, arrête les suspects et forme une garde rapprochée pour protéger les émissaires de Torquemada. Ce dernier attribue la fonction d'inquisiteur à des prêtres expérimentés, réputés implacables et de mœurs sévères, âgés d'au moins 40 ans. Ils se déplacent dans les plus modestes localités, y répétant un scénario immuable : après un sermon stigmatisant les marranes – et tous ceux qui se rendraient coupables de les protéger –, ils instaurent un « terme de grâce » de quarante jours, dédié aux aveux spontanés ou aux délations. En attendant, ils mènent eux-mêmes l'enquête pour débusquer les relaps… qu'ils trouvent toujours. Durant ce laps de temps, les aveux permettent théoriquement d'échapper au pire, sinon à l'ostracisme définitif : on peut être condamné à une amende, à faire pénitence, à être flagellé en place publique, au « mur » (enfermement à vie) ou à porter le sambenito – scapulaire souvent blanc, brodé d'une croix rouge et portant le nom du condamné, avec lequel on défile à travers les rues de la ville, un cierge allumé à la main et la tête baissée. Ce vêtement d'infamie sera ensuite suspendu dans la nef de l'église, pour que la faute ne puisse jamais être oubliée. Pour les cas les plus graves, le sambenito est orné de dragons et de figures diaboliques, promettant l'enfer à celui qui monte sur le bûcher. Quant aux *conversos*, qui sortent encore indemnes des griffes inquisitoriales, leur répit sera de courte durée.

Le soir du 14 septembre 1485, l'un des plus virulents inquisiteurs de Torquemada, Pedro de Arbués, est attaqué dans la cathédrale de Saragosse alors qu'il est agenouillé, en prière, dans le chœur. Comme à son habitude depuis qu'il s'est lancé sur la piste des marranes dix-huit mois plus tôt, il est vêtu d'une cotte de maille qu'il ne quitte jamais sous son habit, et porte un casque. Mais les conjurés le blessent en lui plongeant une lame dans le cou, seule partie vitale de son corps à découvert. Il meurt deux jours plus tard. Certaines des plus puissantes familles de convertis du royaume d'Aragon seraient impliquées dans cet attentat ; Torquemada s'en débarrasse à l'issue d'un procès exemplaire. Juan de Esperanden, un des principaux accusés, a les mains coupées, est battu et traîné dans les rues de la ville jusqu'à la place du marché, avant d'y être décapité avec son complice présumé, Vidal de Urango. Une soixantaine d'autres accusés seront écartelés et brûlés vifs après avoir subi la torture : os broyés par garrots de cordes, membres disloqués sur le chevalet[1], brûlés au fer, éclatement de la mâchoire avec une poire d'angoisse[2], etc. Les variantes sont multiples. « *Ecclesia abhorret a sanguine* » rappellent souvent les inquisiteurs aux tortionnaires œuvrant à leur service : « La sainte Église abhorre le sang », qu'elle ne saurait répandre elle-même, et confie donc au bras séculier le soin d'achever les condamnés. Leur sort est vite scellé, de même que celui de la communauté juive, incriminée par le tribunal de Torquemada et soumise à une recrudescence de persécutions. L'assassinat de Pedro de Arbués donne à l'Inquisition toute latitude pour se déchaîner. Cet événement sert même si bien les desseins de Torquemada qu'il sollicitera la béatification du défunt : elle sera accordée après mûre réflexion, quatre cents ans plus tard, par le pape Pie IX, en 1867. Une anecdote que cet assassinat, en regard de la répression terrible – et immédiate – qui lui répond. À partir de décembre 1485, les autodafés se succèdent sans relâche à Saragosse. Cette pratique tient son nom de l'expression portugaise « *auto da fé* » (littéralement, « acte de foi »). Ce genre de cérémonie théâtralise l'exécution publique des sentences prononcées contre les hérétiques avec, pour point d'orgue, la destruction des impies et de leurs

1. Table à poulies, permettant l'étirement des membres jusqu'à l'arrachement.
2. Écarteur métallique inséré dans la bouche.

ouvrages par le feu. Livres et hommes se tordant dans le même brasier obscurantiste. « Il faut extirper la peste de l'âme et détruire le corps qui l'abrite, prône Tomás de Torquemada, car le Mal est contagieux. » Selon lui, le pire des crimes, pour un chrétien, consiste à « judaïser » : en janvier 1487, un jésuite, Juan Martinez de Rueden, est découvert en possession de documents rédigés en hébreux ; il est conduit sur le bûcher. D'autres intellectuels suivront. Ceux qui s'enfuient, avant d'être arrêtés, sont brûlés en effigie et leurs biens confisqués[1], tandis que les autodafés deviennent un spectacle aussi sinistre que récurrent dans tout le pays.

La vengeance des siècles

La politique religieuse, initiée par Torquemada, est d'autant mieux soutenue par Ferdinand et Isabelle qu'elle leur permet de consolider leur pouvoir et de renflouer les caisses de l'État, mises à mal par la Reconquista. La Couronne peut en effet s'approprier, via l'Inquisition, les biens de ceux qu'elle condamne. Mieux encore : Isabelle rêve d'étendre les limites de son royaume au-delà des mers, vers le Nouveau Monde, comme lui propose un certain Christophe Colomb. Conjuguée à une piété aveugle et instrumentalisée, cette soif de puissance s'assouvit dans le génocide. Étant parvenus à neutraliser les *conversos*, les Rois Catholiques et Torquemada s'attaquent ensuite aux juifs non-convertis. Dans la mesure où les tribunaux ecclésiastiques sont uniquement habilités à juger des chrétiens (vieux ou nouveaux), c'est le pouvoir temporel qui doit officiellement prendre le relais.

---

1. LEA (Henry Charles), *A History of The Inquisition of The Middle Ages*, The Macmillan Company, New York, 1888.

Depuis le début de leur règne, Ferdinand et Isabelle ont manifesté la volonté d'expulser tous les juifs d'Espagne. Ils les ont déjà bannis d'Andalousie en 1482 et sollicitent désormais l'assentiment du pape Innocent VIII, pour étendre cette mesure à tout le territoire. Le saint-père ne peut pas s'y opposer bien longtemps. Les souverains entrent dans Grenade le 2 janvier 1492, en conquérants de l'ultime bastion musulman ibérique. Il ne reste donc plus qu'une étape à franchir pour que le royaume devienne entièrement chrétien. Le 31 mars suivant, Ferdinand et Isabelle publient un décret signé du palais de l'Alhambra. Torquemada leur a tenu la plume : « En nos territoires, se trouvent certains mauvais chrétiens qui se sont judaïsés et sont coupables d'apostasie envers notre sainte foi catholique [...]. C'est pourquoi nous ordonnâmes, en 1480, que les juifs soient séparés des villes et cités de nos domaines et qu'il leur soit attribué des quartiers séparés, en espérant que le problème soit résolu [...]. Et nous ordonnâmes qu'une Inquisition soit établie [...]. Beaucoup de coupables ont été trouvés. [...] Cependant le grand dommage occasionné aux chrétiens persiste, et [...] continue du fait des conversations et communications qu'ils tiennent avec les juifs, de tels juifs tentant par tous les moyens de renverser notre sainte foi catholique et de détourner de fidèles chrétiens de leur croyance. [...] Par conséquent, avec l'avis [...] de notre conseil suprême, et après avoir beaucoup délibéré, il a été conclu et résolu que soit ordonné à tous les juifs et juives de quitter nos royaumes, et qu'ils ne soient jamais autorisés à y retourner. »

Le trésorier de la cour et un financier juifs, Isaac Abravanel et Abraham Senior, auxquels Ferdinand et Isabelle ont eu recours pour emprunter des fonds et financer l'unification de leur royaume, tenteront de faire abroger ce décret. Ils demandent audience et proposent aux monarques une forte somme pour revenir sur leur décision. Plusieurs entrevues ont lieu ; Isabelle envisage de leur concéder un délai, tout en leur faisant observer que « le cœur des rois est dans la main de Dieu » et que ce qu'Il souhaite finit toujours par s'accomplir. Là-dessus, Torquemada, ivre de rage, fait irruption. Il brandit la croix et l'abat devant Isabelle : « Judas a vendu son maître pour trente deniers d'argent et toi, tu t'apprêtes à le refaire ? » En définitive, Isaac Abravanel et Abraham Senior n'obtiendront que deux jours de répit supplémentaires avant l'application du décret, initialement prévue le 31 juillet. À partir du 2 août 1492, tout contrevenant risque d'être mis à mort sans procès. Torquemada fait par ailleurs interdire aux chrétiens d'aider, d'héberger ou de faire du commerce avec un membre de la communauté juive, au risque de subir un châtiment identique. Dans les ports, à l'embarquement, les voyageurs sont systématiquement fouillés : les exilés[1] n'ont pas le droit d'emporter d'or ; seuls sont autorisés les vêtements et quelques bagages ; les bijoux et objets précieux sont confisqués. Lorsqu'ils ne peuvent pas vendre leurs biens pour des sommes dérisoires, ils laissent derrière eux leurs propriétés, dont beaucoup reviendront à la Couronne. Dans sa grande mansuétude, Torquemada propose de sauver quelques âmes de plus : il offre le baptême à ceux qui souhaiteraient rester et se convertir. Mais les candidats ne sont pas nombreux à s'engager dans cette voie, après avoir vécu des années de terreur inquisitoriale. Preuve que la terreur continue, les marranes découverts à Grenade par les sbires de Torquemada sont raflés et envoyés au bûcher. Le Frère Noir règne désormais en maître absolu sur les chrétiens d'Espagne. Pendant l'été 1492, il assiste avec délectation à la détresse de ses victimes

1. Aucun document ne fournit de nombre exact ; l'estimation varie entre 50 000 et 300 000 personnes, selon les historiens.

sur le départ. Beaucoup ne trouveront que la mort sur les routes de l'exil… En 1575, l'historien et chroniqueur Joseph ha-Cohen décrira l'expulsion des juifs d'Espagne dans *La Vallée des pleurs (Emek Habakha)* : « Les juifs s'en allèrent où le vent les poussa, en Afrique, en Asie, en Grèce et en Turquie. D'accablantes souffrances [...] les assaillirent, les marins génois les maltraitèrent. Des créatures infortunées mouraient de désespoir pendant leur route [...]. Il y en eut qui furent consumées par la peste et par la faim. D'autres furent débarquées nues par le capitaine du vaisseau dans des îles désertes. D'autres encore vendues comme esclaves dans le port de Gênes et les villes soumises à son obéissance. »

Tomás de Torquemada restera chef de l'Inquisition jusqu'à sa mort en 1498, parvenant à maintenir une activité remarquable dans la chasse aux relaps, au moins jusqu'en 1495. À partir de cette date, il reprend l'existence austère de simple frère au couvent Saint-Thomas d'Avila, non sans avoir auparavant transmis le flambeau inquisitorial à son principal disciple, Diego de Deza[1], aussi cruel et acharné que lui. Les fortunes accumulées par le Saint-Office et par la Couronne d'Espagne grâce à « l'œuvre » de Torquemada, lui vaudront une postérité volontiers complaisante[2], du moins jusqu'à l'abolition officielle de l'Inquisition espagnole, en 1834. Deux ans plus tard, lors d'un soulèvement populaire, les libéraux

1. 1444-9 juin 1523.
2. On ira même jusqu'à le dédouaner de tout parti pris contre ses victimes, en affirmant qu'il est lui-même issu d'une famille de convertis. Le premier auteur à exalter cette admirable sincérité sera Hernando del Pulgar (1410-1498), secrétaire de la reine Isabelle et chroniqueur royal officiel à partir de 1482. Auteur d'un ouvrage hagiographique intitulé *Hommes illustres de la Castille* (*Los Claros Varones de Castilla*), il écrit de Tomás de Torquemada que « ses grands-parents appartinrent au lignage des juifs convertis ». Assertion encore répétée, bien que non vérifiée, par nombre d'auteurs actuels.

espagnols détruisent la tombe de Torquemada dans la chapelle du couvent d'Avila, exhument ses ossements et les dispersent. Celui que ses contemporains appelaient, avec une crainte déférente, « le Marteau des Hérétiques, la Lumière de l'Espagne, le Sauveur du Pays, l'Honneur de son Ordre » est enfin réduit en poussière. Mais pas tout à fait au silence... Le 22 janvier 1998, le pape Jean-Paul II décide d'ouvrir pour la première fois, mais de manière très limitée, les archives de l'Inquisition à quelques chercheurs triés sur le volet. Un symposium est organisé sous la présidence du cardinal Ratzinger – futur pape Benoît XVI et alors préfet de la congrégation pour la Doctrine de la foi (émanation de l'ancienne congrégation sacrée de l'Inquisition romaine, fondée en 1542, pour lutter contre les hérésies) –, afin d'examiner cette épineuse question. Cette réflexion aboutira, en l'an 2000, à la repentance officielle de l'Église catholique contre les excès de l'Inquisition. Devant l'éternité, Tomás de Torquemada n'a plus que le jugement de son Créateur à affronter.

Chapitre 3

JÉRÔME SAVONAROLE LE PRÉDICATEUR DES DÉSESPÉRÉS

« Ô Seigneur, Seigneur ! Envoie-le-moi donc, ce martyre, et fais-moi bientôt mourir pour toi, comme tu es mort pour moi ! »

(*Prediche sopra Amos e Zaccaria*, Jérôme Savonarole)

Un jeune homme de 22 ans chemine sous les étoiles, humant l'air frais de la plaine du Pô[1], avec un mélange de soulagement et d'appréhension. Les champs désertés bruissent sous le vent léger, la lune éclaire ses pas, il vient de quitter à tout jamais son foyer, sans un adieu à sa famille. Il sait qu'il ne le regrettera pas. Ce qui l'attend est bien plus grand encore que la tendresse d'une mère ou l'autorité d'un père. Ils ne peuvent pas comprendre. Il n'aurait pas su leur expliquer de vive voix le bouillonnement de ses pensées et la puissance de sa foi. Juste avant de partir, le 23 avril 1475, il a placé en évidence sur la table de sa chambre, un recueil de poèmes mystiques dont il est l'auteur, intitulé *Le Mépris du monde*. Peut-être auront-ils la curiosité de le lire et d'y discerner ce qui a motivé la fuite de leur fils ? « La terre est à ce point

1. Italie du Nord.

écrasée par ses vices, qu'elle ne pourra jamais rejeter seule leur poids. Rome qui la domine est tombée dans la fange, pour ne plus jamais retrouver sa haute charge [...] » a-t-il écrit d'une plume amère. Le garçon évoque la décadence des mœurs et celle de l'Église : le pape Sixte IV, saint-père depuis quatre ans, est soupçonné d'aimer les jeunes hommes et d'avoir hissé au rang de cardinaux certains de ses favoris ; il autorise même la sodomie pendant l'été, au prétexte que la saison est ardente ! Le jeune voyageur serre les poings de dégoût, tout en continuant à marcher. Il laisse derrière lui la ville prospère de Ferrare[1]. Une vie confortable dans une famille aisée, où il ne s'est jamais senti à l'aise. Faire partie des privilégiés renforce sa conviction de renoncer aux biens matériels pour suivre la volonté de Dieu. « Le Tout-Puissant n'est jamais si loin qu'on croit. » Il n'a qu'une quarantaine de kilomètres à parcourir pour entrer enfin à son service : à Bologne, dans le couvent de Saint-Dominique, où reposent les reliques du fondateur de l'ordre. Le garçon brûle de suivre l'exemple de Thomas d'Aquin qui, deux siècles plus tôt, a bravé sa famille pour réaliser sa vocation. L'imminent novice parvient à destination deux jours plus tard. L'austérité de sa cellule lui fait l'effet d'un havre de paix, frais et silencieux ; il passera sa première nuit éveillé, à goûter la plénitude des lieux et à rédiger une lettre destinée à son père, dans laquelle il l'informe de sa décision : « [...] Le motif qui me pousse à entrer en religion est la grande misère du monde, l'iniquité des hommes, les viols, les adultères, les brigandages, l'orgueil, l'idolâtrie [...]. C'est la plus grande souffrance que je puisse avoir en ce monde [...]. De mon âme ou de mon corps, quelle partie aimez-vous le mieux ? Vous ne pouvez pas dire le corps, ce ne serait pas m'aimer qu'aimer la plus vile partie de

1. En Émilie-Romagne, Italie du Nord.

moi-même. » Dans le couvent, aucun miroir pour refléter ses yeux trop noirs et enfoncés, son long nez busqué, son grand corps aux épaules prématurément voûtées, ses lèvres tombantes et son excessive pilosité. Ses parents l'ont toujours aimé en dépit de cette apparence ingrate, il n'en a jamais douté, et la séparation n'est pas facile. D'une main ferme, il signe la missive qui scelle sa nouvelle existence : « Hieronymus Savonarola » n'a plus rien à perdre.

Jérôme Savonarole ne reverra plus jamais les siens réunis, hormis, vingt-deux ans plus tard, son cadet Marc, lorsqu'il prendra à son tour l'habit de dominicain. Il a trois autres frères et deux sœurs. Son père Nicolas est un bourgeois originaire de Padoue, sa mère Hélène de Bonacossi est d'une famille noble de Mantoue. Les Savonarole vivent dans l'opulence. S'il n'était pas aussi laid, on pourrait croire que les fées se sont penchées sur le berceau de leur enfant Jérôme, dans la nuit du jeudi 21 septembre 1452... Il s'avère précoce, sensible, curieux. Son grand-père paternel décèle rapidement sa vive intelligence et décide de prendre en main son éducation. Le patriarche ambitionne d'en faire un médecin et un savant comme lui. Michel Savonarole est un humaniste en avance sur son temps ; il a été enseignant pendant dix-huit ans à l'université de Padoue, a écrit plusieurs ouvrages sur des sujets aussi divers que le thermalisme, l'astrologie, la diététique, l'alchimie et la pédiatrie – dont il est un précurseur. Il soigne gratuitement les pauvres, prône la charité chrétienne et voudrait réussir, avec Jérôme, ce qu'il n'a pas réalisé avec son propre fils : Nicolas a suivi sans succès des études de littérature, puis de médecine, avant de tout abandonner pour devenir négociant. C'est pourtant sur le travail accompli par Michel Savonarole, médecin personnel des marquis de Ferrare depuis 1440, que repose la prospérité de la famille. Il a introduit son fils à la cour, permettant ainsi à son commerce de se développer. À son petit-fils Jérôme, l'aïeul a préféré enseigner la rigueur et le respect de la religion, en mettant l'accent sur la pénitence et la confession. Dès l'adolescence, Jérôme maîtrise le latin et connaît par cœur de longs passages des Saintes Écritures. La piété de son grand-père fait contraste avec les injustices et la violence, dont il est témoin au quotidien. Le vieux marquis de Ferrare, leur protecteur, a jadis fait exécuter sa seconde femme pour adultère, ainsi que son enfant illégitime. Deux de ses autres fils naturels lui ont succédé. L'histoire de leur dynastie, comme celle de tant d'autres seigneurs, repose sur de multiples assassinats, traîtrises et relations incestueuses. Le sang et les larmes se mélangent aux splendeurs de la Renaissance. La cour de Ferrare attire artistes, poètes, philosophes, mais les somptueuses fêtes, en forme de bacchanales, ne trompent pas le jeune Jérôme Savonarole sur la cruauté des mœurs ambiantes. Danses, acrobaties et chandelles romaines[1] magnifient le décor, tandis que, chaque année, des dizaines de saltimbanques et badauds payent de leur vie ces nuits de débauche. L'imposant château d'Este, qui trône au centre de la ville avec ses quatre tours ceintes de douves et un jardin suspendu planté d'orangers, symbolise pour le jeune érudit la décadence et la corruption qui rongent l'âme du peuple d'Italie. En arpentant la *via delle Volte* qui ceinture l'édifice, il songe à fuir cette existence. Elle lui pèse singulièrement depuis l'adolescence, après la disparition de son grand-père, en 1468. Il ne peut plus supporter d'avoir pour ultime horizon cette longue rue étroite et pavée, coiffée d'arches transversales, qui relie les maisons des marchands du côté sud à leurs dépôts installés au nord, et qui lui évoque « le cercle vicieux du péché ». La richesse de la cité, comme celle de son père, repose sur le négoce de la laine, de la farine et des

1. Feux de Bengale.

métaux précieux avec la France, l'Allemagne et les Pays-Bas. Ferrare est alors l'une des plus puissantes cités-États de l'Italie septentrionale, avec Mantoue, Florence, Pise, Sienne ou Gênes, qui se font très régulièrement la guerre, en fonction de leurs alliances fluctuantes avec le Vatican et les puissances du Saint-Empire romain germanique. Guerres, ripailles, meurtres, lucre. Jérôme Savonarole entre en religion pour les combattre : « Si tu crois que je suis venu apporter la paix sur terre, tu te trompes : je ne suis pas venu apporter la paix sur terre, mais l'épée [...]. Je suis la grêle qui brisera la tête de ceux qui ne se seront pas mis à l'abri[1] », clamera-t-il bientôt.

Visions infernales et extases florentines

« Dieu vomit les tièdes.[2] » Chez les dominicains, Jérôme le bouillant a passé une année entière à travailler comme jardinier et tailleur, avant de prendre l'habit en 1476. Malgré le calme nécessaire pour accomplir ces tâches humbles, sa colère contre l'impiété ne l'a pas quitté. En prononçant ses vœux définitifs, il se jure intérieurement de lutter contre la perversion et l'avilissement de la société. Au cloître, il continue à étudier les Écritures, privilégie Aristote et son disciple par la pensée, saint Thomas : les cinq sens nourrissent l'intellect et permettent finalement de progresser vers le divin. Un concept réduit à sa plus simple expression dans l'adage populaire : « Comme saint Thomas, je crois ce que je vois. » Cependant, frère Jérôme fait remarquer aux novices qui suivent ses leçons, que le bon saint Thomas n'hésite pas à défendre l'intégrité de

1. SAVONAROLE (Jérôme), *Prediche sopra Amos e Zaccaria*, Belardetti, Rome, 1971.
2. « Je connais tes œuvres. Je sais que tu n'es ni froid ni bouillant. Puisses-tu être froid ou bouillant ! Ainsi, parce que tu es tiède, et que tu n'es ni froid ni bouillant, je te vomirai de ma bouche. » (Apocalypse 3, 15.)

la foi collective, en la plaçant au-dessus de la liberté des individus : raison pour laquelle il approuve que la peine de mort soit appliquée aux hérétiques[1]. Dans sa fougue réformatrice, frère Jérôme passera quant à lui de la parole à l'acte, en acceptant le pire pour sauver son Église... Dès 1478, il est lancé sur les routes pour accomplir sa vocation de prédicateur. Ses débuts sont difficiles, son allure austère et famélique provoque la méfiance ; on se moque de son accent épais et de sa gestuelle fébrile ; les gosses lui jettent parfois des pierres. Surtout, dans les petits villages lombards qu'il sillonne à pied, ses propos fielleux ne portent guère : les paysans se moquent éperdument qu'il compare le Saint-Siège et ses institutions à une « putain fière et menteuse ». Ses diatribes sont déconnectées de leur réalité, qui se résume à trimer dans les champs plutôt qu'à se rouler dans la luxure. Deux ans durant, il échoue à se faire comprendre, mais ne renonce pas pour autant. Dans le secret de ses nuits enfiévrées, frère Jérôme voit ou entend certaines manifestations divines : des lueurs, des rumeurs ; une fois même, il se réveillera trempé, ayant la sensation d'une eau glacée répandue sur tout son corps. Ses supérieurs louent son enthousiasme, mais déplorent le choix peu judicieux de ses prêches enflammés. Il parle tout le temps de l'apocalypse et décrit l'enfer qui attend les pécheurs avec une véhémence telle, qu'il se rend parfois malade. Il gesticule trop, vocifère à la limite du supportable, se frappe la poitrine, effraie son auditoire à défaut de le captiver. Les pères dominicains décident de canaliser cette folle énergie plutôt que de l'étouffer : il lui faut prendre des cours de rhétorique et même, s'inspirer des techniques utilisées par les acteurs devant leur

1. « [...] Quand ceux qu'on a accueillis [dans la foi chrétienne, N.D.A.] retombent de nouveau [dans l'hérésie, N.D.A.], ils sont bien admis à la pénitence, mais non pas au point d'éviter la sentence de mort. » (Thomas d'Aquin, cité par Joseph Lecler, dans « La déclaration conciliaire sur la liberté religieuse », *Études*, avril 1966.)

public… Ainsi, qui sait ? Peut-être pourra-t-il finalement assumer sa vocation. Savonarole redouble d'ardeur pour s'exprimer avec plus de retenue, poser sa voix, et inclure des citations des Pères de l'Église. Il prépare ses sermons par écrit, s'entraîne à les dire. Son éloquence s'affine, son discours se précise. Ses supérieurs se félicitent de la transformation qui s'opère. Ils le renvoient sur le terrain, et lui interdisent de parler de la fin du monde ! Il remonte donc en chaire et cette fois, notables et manants l'écoutent, même s'ils sont encore bien peu nombreux. En 1482, il est de passage dans sa ville natale de Ferrare, avant de reprendre la route presque aussitôt : un conflit avec les Vénitiens menace la cité. Frère Jérôme est envoyé au couvent Saint-Marc de Florence, où il est chargé d'instruire les novices, puis regagnera Bologne en 1487, pour assumer la même fonction. Épisodiquement, il va prêcher dans les villes de la région, avec une force de conviction croissante. À cette époque, il se livrera même avec succès à une joute oratoire contre le brillant – et séduisant – philosophe Jean Pic de la Mirandole. Des cheveux blonds mi-longs, un beau visage, des yeux pétillants et un discours affûté : l'inventeur incroyablement surdoué de notre culture générale moderne est un adversaire aussi redoutable que passionnant. Les deux hommes se sont déjà rencontrés pendant leur jeunesse à Ferrare, mais cet événement plus tardif marquera le début d'une indéfectible et profonde amitié, Savonarole devenant même le confesseur de Pic de la Mirandole.

En 1484, à force de pénitences et de jeûnes, l'ardent prédicateur pousse son corps et son esprit aux limites de leur résistance. Un soir de printemps, il est terrassé par une fièvre étrange et entend la clameur de grandes eaux. Sa cellule d'ascète est inondée par une lumière surnaturelle… Les murs s'estompent et il croit voir une cité terrestre se métamorphoser et embellir au point de devenir la cité de Dieu… Le chemin qui y mène est long et escarpé. Soudain, saint Dominique en personne lui apparaît, l'exhortant à prier, étudier, méditer, pour devenir un intermédiaire entre le Tout-Puissant et les hommes, et leur annoncer Ses jugements. Il lui est aussi révélé que son existence sera pleine de souffrances et s'achèvera de manière brutale. Dieu lui réclame sa vie. Jérôme Savonarole la lui a déjà offerte.

Pendant plusieurs semaines, il reste prostré, abasourdi par la puissance de ce message divin. Il est miraculeusement investi de la grande mission qu'il attendait depuis toujours. Dès lors, les visions ne cesseront plus de se succéder. Dans ces moments-là, un étrange mal le saisit, ses extrémités se refroidissent tandis que son front s'échauffe, une douleur aiguë lui vrille le crâne et sa gorge s'assèche. Il sombre dans un état second. Savonarole a reçu le don de prophétie, comme la bénédictine sainte Hildegarde, le cistercien Joachim de Flore et bien d'autres ascètes chrétiens avant lui. Quelques mois plus tard, il accompagne un frère au couvent florentin de Saint-Georges, lorsqu'il « capte » un message encore plus précis de Dieu : le pape va bientôt mourir ! Le 12 août 1484, Sixte IV meurt à 71 ans, d'une maladie indéterminée, mais qu'on suppose liée à son libertinage. Le frère Jérôme avait vu juste ! Même s'il n'était pas si difficile de prédire la fin du prélat, en piteux état de santé depuis un bon moment. Quoi qu'il en soit, les foules s'émeuvent et commencent à l'écouter ; des rumeurs de sainteté se répandent sur son compte, après un de ses prêches dans l'église de Brescia (Lombardie) : il annonce que si la ville ne se repent pas de ses péchés, Dieu la livrera aux ennemis. « Le sang coulera à flots, les femmes seront violées, les enfants tués sous les yeux de leur mère ! » Quelques années plus tard, on associera cette prophétie aux exactions commises par les armées françaises, venues conquérir la cité. Mais pour l'heure, le peuple commence à prendre

Savonarole très au sérieux. En 1485 et 1486, à San Gimignano (Toscane), il annonce : « Je vois l'épée de Dieu qui descend sur nous et va nous atteindre... Elle est là. Elle est là. Je la vois ! Attention ![1] ». Joignant le geste à la parole, il pointe soudain l'index vers le ciel et lève un regard épouvanté. L'assistance sursaute, pousse une exclamation horrifiée, cherche avec lui une soudaine manifestation du courroux divin... « Oh ! »... « Ah ! »... Rien n'arrive. Pour le moment. Pic de la Mirandole, qui assiste à plusieurs de ces prêches, savoure l'effet spectaculaire, le sens dramatique de son ami. La réputation du terrible prédicateur se répand dans toute l'Italie. Il serait tombé en extase pendant cinq heures d'affilée et des témoins affirment avoir vu une auréole autour de sa tête. On raconte que lors d'un périple de Gênes à Florence, un ange est descendu du ciel pour lui servir de guide. Savonarole devient l'esclave de ses visions. Grâce à elles, il tient son public en haleine. Lui-même les étudie, les attend. Il écrit un traité intitulé *Dialogue de la vérité prophétique* pour tenter de les expliquer. En juillet 1489, ses efforts et sa popularité naissante lui valent une promotion : il est de nouveau appelé à rejoindre le couvent Saint-Marc de Florence, mais cette fois, pour y demeurer. Ses supérieurs auraient été influencés dans cette décision par Laurent de Médicis dit « le Magnifique » – maître de la « Ville de la Fleur[2] » à l'apogée de sa puissance –, lui-même conseillé par Pic de la Mirandole. Le Magnifique ne porte guère la papauté dans son cœur, ayant eu de longs démêlés avec Sixte IV et n'ayant conclu que récemment la paix avec son successeur Innocent VIII – encore plus dévoyé et corrompu. Les prêches de Savonarole contre le Saint-Siège ne manquent pas de l'intriguer, voire de

---

1. HUGEDÉ (Norbert), *Savonarole et les Florentins*, Éditions France Empire, Paris, 1984.
2. Le lys rouge sur fond blanc, blason de la ville.

l'amuser. Frère Jérôme devient donc lecteur du couvent Saint-Marc, une fonction prépondérante : plusieurs fois par semaine, il commente les Évangiles et textes théologiques pour édifier les novices et les autres frères. Il s'acquitte avec un succès croissant de cette charge. Ses cours sont si prisés qu'il remplit la salle où il officie. Ses auditeurs devenant encore plus nombreux, il doit se résoudre à parler dans le jardin du couvent, puis à l'église, où c'est le peuple qui commence alors à affluer pour l'entendre. Bientôt, les gens s'agglutinent, grimpent sur les murets du chœur, s'accrochent aux grilles pour ne rien perdre des sermons… En 1791, frère Jérôme est élu prieur. Il est désormais la personnalité religieuse la plus importante de Florence.

Foules en délire

Voilà l'occasion de réaliser son destin ! Et peut-être, de sauver bien des âmes… Jérôme Savonarole, s'il s'astreint plus que jamais au port du cilice, de la ceinture de crin et à de nombreuses autres pénitences, ne savoure pas moins la douce atmosphère qui règne au couvent Saint-Marc. Le Beau y rejoint le Bien ; « une exception en ce triste monde », se dit souvent le nouveau prieur. Son austérité ne l'empêche pas d'aimer une certaine forme d'art, même s'il en réprouve les excès profanes. Savonarole a reçu une éducation poussée, c'est un esprit complexe et subtil, bien que dépourvu de toute légèreté. Il apprécie ainsi, à leur juste valeur, les trésors de Saint-Marc : Cosme de Médicis – dit « l'Ancien » – a doté le cloître d'une collection de manuscrits précieux et l'a fait décorer par Fra Angelico, surnommé « le Peintre des Anges ». Savonarole y chérit aussi le souvenir d'un de ses illustres prédécesseurs, saint Antonin, ancien archevêque de Florence mort trente-deux ans plus tôt en affirmant dans un dernier soupir : « Servir Dieu, c'est régner ! » Une vérité qu'il ne perd pas de vue, lorsqu'il croise Laurent de Médicis dans les jardins du couvent. « Même les plus puissants finissent par s'incliner devant Dieu », est-il convaincu. Le Magnifique, mécène de Michel-Ange, Botticelli, De Vinci ou Donatello, vient parfois se recueillir après avoir rendu des arrêts de mort, prononcé des sentences d'exil ou dénoué une intrigue. Chez lui, le pire côtoie le meilleur. Savonarole est décontenancé par ce personnage, capable d'exceller en politique autant que dans l'écriture de poèmes, la composition de chorégraphies, la chasse ou la philosophie. Le prince de Florence est également un despote, impitoyable avec ses rivaux et dont les mercenaires font régner la terreur parmi les grandes familles de la ville, lorsqu'elles tentent de s'opposer à lui. Les deux hommes sont aux antipodes l'un de l'autre. Pourtant, ils s'estiment et se respectent, ayant en commun une détermination farouche. Laurent de Médicis n'entrave pas la prédication de Savonarole, dont il admire l'aplomb. Il lui arrivera même d'aller l'écouter et de lui offrir anonymement de conséquentes oboles. La première intervention marquante du nouveau prieur se déroule à l'occasion du carême 1491, à la cathédrale Santa-Maria-del-Fiore. Comme à son habitude, il se fait l'apôtre des plus pauvres, dénonce l'impureté de l'Église romaine et s'emporte contre les élites florentines – Laurent de Médicis en ligne de mire. Il affirme être le « porte-voix du Seigneur ». Pas le choix : il sent qu'il doit prêcher ou mourir ! « Le verbe de Dieu est dans mon cœur comme un feu ardent ; si je ne lui cède pas, il consumera la moelle de mes os » : les Florentins tremblent, s'évanouissent et s'épouvantent en écoutant ses descriptions de l'apocalypse, thématique qu'il reprend avec plus de fougue que jamais. Ses attaques contre le pouvoir temporel, aussi bien que spirituel, font scandale. Les femmes succombent à des crises d'hystérie, les hommes sont prêts à tirer l'épée pour défendre la gloire de Dieu. Le spectacle est grandiose ! On lui trouve vite un surnom, « le Prédicateur des Désespérés », car il attire, lors de ses prêches, tous les insatisfaits du règne des Médicis et du Saint-Siège. Ses admirateurs ne sont pas que des laissés-pour-compte, loin s'en faut ; en moins de huit ans, il suscitera beaucoup de vocations. L'effectif du couvent dominicain passera, sous son égide, d'une cinquantaine de frères à plus de deux cents, dont beaucoup de fils de bonne famille. En quelques mois, il parvient à supplanter les autres prédicateurs, qui montent en chaire à Florence et dans la région. Le plus à la mode est alors un certain Mariano da Genazzano, frère augustinien amateur de lyrisme et plutôt conciliant avec le pouvoir en place. En chaire, frère Mariano aime séduire son public et le rassurer. Un style que Savonarole méprise ouvertement : « On prêche à présent avec des facéties et des quolibets, et pourvu qu'on rit bien, le capuchon se gonfle, et ne demande rien. » Lui-même ne tolère aucune concession : il s'emploie à choquer pour mieux persuader. À menacer pour convertir.

Quelques mois plus tard, il recommence ses prophéties. Cette fois, il prédit la mort de Laurent de Médicis et celle du pape ! Tous deux seraient punis par Dieu car ils empêchent Son règne terrestre d'arriver enfin. Coup de théâtre… et coup de tonnerre ! Dans la nuit du 7 avril 1492, une tempête s'abat sur la ville et – signe du Ciel courroucé – la foudre tombe sur le dôme de la cathédrale. Les Florentins croient que la fin du monde, promise par Savonarole, arrive. Pendant ce temps, le prieur est en proie à une nouvelle vision, dont il fera part à ses ouailles lors de son prochain prêche. Il a vu une main gigantesque se dessiner dans les nuages, brandissant le glaive de Dieu, entouré de lettres de feu : « *Ecce gladius Domini !* » (« Voici l'épée du Seigneur ! »)

Laurent de Médicis est mort d'une maladie incurable dans la nuit du 8 au 9 avril 1492. Avant de s'éteindre, il a réclamé que son cher ennemi, le prieur Savonarole, vienne en personne lui donner l'extrême-onction : « Je ne connais de vrai religieux que celui-là ! » a grondé le prince à ses conseillers interdits. On ne sait si frère Jérôme a eu le temps de lui accorder l'absolution, les biographes se disputent encore là-dessus cinq cent vingt-trois ans plus tard – et personne n'était avec eux pour témoigner de ce qui s'est réellement passé. Le 25 juillet 1492, Innocent VIII décède à son tour. On murmure qu'il s'est rendu coupable d'une ultime infamie avant de trépasser : il se serait fait transfuser le sang de trois enfants – tués par cette opération – dans une vaine tentative pour se régénérer. Rodrigo Borgia lui succède, sous le nom d'Alexandre VI : Savonarole avait prédit qu'un « pape débauché » s'assiérait sur le Saint-Siège vacant. Considérant la lignée papale de son temps, il ne prenait certes pas grand risque à faire une telle prophétie…

Le prieur fait la chasse aux pourceaux

Pierre II de Médicis est désormais maître de Florence, après son père. Un maître dont l'autorité est violemment battue en brèche par Savonarole. Le prieur a acquis une influence sur les Florentins, à laquelle Pierre ne saurait prétendre. Frère Jérôme tient Florence dans le creux de sa main. Le peuple l'honore comme un prophète. Le frère entend ramener ce peuple dans le droit chemin et prévenir le châtiment de Dieu, pourvu qu'on suive ses instructions. Son ordre doit montrer l'exemple : les frères doivent vivre de leur travail, les biens superflus de la communauté sont vendus, l'accent est mis sur la mission évangélique et sur l'étude des langues anciennes (grec et chaldéen), pour permettre le retour aux sources de la religion. Savonarole veut que chacun obéisse sans un soupir, « comme l'âne qui se laisse mener à droite et à gauche, et qui reçoit des coups de bâton sans se plaindre ». Son prestige ne cesse de grandir. La papauté s'inquiète de ce pouvoir qui lui échappe. Pour tenter de le domestiquer, Alexandre VI lui offre, fin 1493, l'archevêché de Florence. Frère Jérôme refuse. Le saint-père lui propose alors la coiffe de cardinal : « Je ne veux pas d'autre chapeau que celui de mon martyre, et rougi de mon sang ! » lui réplique l'incorruptible, un brin imprudent.

À partir de février 1494, Savonarole reprend ses prophéties. Cette fois, il promet aux Florentins affolés un déluge de sang et d'acier, conduit par le roi de France, qui cueillera les villes d'Italie sur son passage « comme des pommes mûres ». La métaphore fruitière n'adoucit pas le cataclysme décrit : Savonarole se voit comme un nouveau Noé, chargé de sauver les meilleurs, lorsque les diables français ravageront tout sur leur passage. On le prend au sérieux : chacun sait que Charles VIII s'apprête à franchir les Alpes pour conquérir l'Italie. Mais le 17 novembre, un drame personnel fera vaciller le rude prieur. Son ami Pic de la Mirandole se meurt ; on découvrira plus tard[1] qu'il a été empoisonné à l'arsenic, probablement sur ordre de Pierre de Médicis, jaloux de son influence et de sa proximité avec le puissant dominicain. Savonarole a perdu son ami, son garde-fou, son presque frère... Après avoir prononcé l'oraison funèbre de Pic de la Mirandole, il retournera à ses visions, de plus en plus déchaînées et désespérées.

Pendant ses crises, il est ébloui par des croix enflammées qui volent au-dessus de Rome ; des tempêtes emportent les

1. En 2008, Giorgio Gruppioni, professeur d'anthropologie italien, prouve l'assassinat.

pécheurs et laissent un monde plus clair, plus pur, d'où émergera une nouvelle Jérusalem. Jérôme Savonarole sait qu'il ne verra jamais les jours heureux, les jours de paix et de clarté. Il aura souffert pour que le Bien triomphe. Il aura été supplicié pour avoir fait entrevoir le paradis aux humains. Souvent, il voit sa mort.

En novembre 1494, le roi de France est aux portes de Florence. Pierre de Médicis, pris de peur, accorde par avance à l'envahisseur une reddition sans condition et la satisfaction de toutes ses exigences. En apprenant cette lâcheté, les Florentins se soulèvent. Les Médicis doivent fuir la colère du peuple ; le palais est pillé. Que faire ensuite ? Négocier avec Charles VIII. Le peuple, faute de mieux, envoie son prophète jouer les ambassadeurs. Cette opération de la dernière chance réussira au-delà de toutes les espérances. Savonarole obtient que l'entrée du roi de France dans Florence se déroule sans effusion de sang ou pillage. Il l'a gratifié de plusieurs sermons, que le monarque a écoutés complaisamment, un peu interloqué par ces leçons de morale inattendues en plein milieu de sa guerre. En vérité, Charles VIII ne fait que passer, sa destination étant le Sud de l'Italie, pour y revendiquer le trône de Naples. Le 28 novembre, les Français repartent sans aucun incident. Les Florentins, éperdus de reconnaissance, s'en remettent à leur bon prieur.

Paradoxalement, le sauvetage de Florence par Savonarole contrarie considérablement les projets spirituels du prieur. Contrairement à ce qu'il avait prophétisé, la ville n'a pas été détruite ! Il faut expliquer cette clémence divine imprévue à ses ouailles, et continuer de travailler avec encore plus d'obstination à leur conversion morale. Dès lors, Jérôme Savonarole passera du rôle de prophète à celui d'illuminé tyrannique. Il est en position dominante, puisque le sort de la cité a été remis entre ses mains.

Dès le 12 décembre 1494, alors qu'il est en chaire, frère Jérôme annonce aux Florentins que le Christ doit être proclamé « le vrai roi de Florence ». Un tonnerre d'applaudissements accueille sa déclaration. Quelques jours plus tôt, un gouvernement provisoire avec à sa tête le traditionnel gonfalonier de justice[1], a poussé au pouvoir l'homme le plus influent de la cité : Savonarole.

Les nouvelles mesures qu'il « propose » en chaire, pour le gouvernement de Florence, sont ensuite discutées par les différents conseils de la ville ; les magistrats et membres de la seigneurie donnent finalement leur approbation – une formalité dans cette pseudo-démocratie, car nul n'ose le contredire. Des milliers de fidèles se lèvent à minuit pour assister à ses prédications, et l'attendent dans le froid[2].

Pourtant, Savonarole ne les ménage pas. Sa diatribe va crescendo. En février 1495, il glapit d'une rage de moins en moins contenue : « Votre vie se passe dans les orgies et la débauche ! Votre vie est une vie de porcs ! » Les Florentins courbent l'échine. Les délires de Savonarole ne sont plus contenus par un pouvoir politique tangible – autrefois, Laurent de Médicis –, ni par la simple sagesse – jusque-là invoquée par Pic de la Mirandole. Jérôme Savonarole est seul devant Dieu. Lorsqu'il baisse les yeux, il contemple la meute hurlante des Florentins à ses pieds. Par souci d'équité, mais surtout d'exemplarité, il choisit d'abord d'améliorer la condition des plus pauvres : il abolit la torture, renforce les lois contre l'usure, établit un système d'appel pour tout condamné à mort ou à la prison, renforce l'aide aux plus démunis.

1. Citoyen chargé de gérer la justice et de présider. Les neuf gonfaloniers, dont le président est le gonfalonier de justice, sont choisis, tous les deux mois, parmi les notables des quartiers de Florence.
2. BURLAMACCHI (Pacifico), CONTI (Piero Ginori), RIDOLFI (Roberto), *La Vita del beato Ieronimo Savonarola*, Leo S. Olschki, Florence, 1937.

Changement radical en théorie, mais pas en pratique, dans un régime où toutes les institutions restent l'apanage d'une oligarchie quasi inchangée. Ses mesures sont plus « cosmétiques » que réelles. Il confisque de l'argent – des aumônes – aux plus riches pour le redistribuer aux plus pauvres. Le spectacle prime toujours, comme lors de ses prêches. Ces méthodes s'avèrent aussi démagogiques que superficielles. Il rêve d'une théocratie – un gouvernement religieux – et se berce d'illusions, en sachant qu'il joue un jeu dangereux. Sa notion de la démocratie imite bien l'intention dictatoriale : « Le gouvernement d'un seul est meilleur que celui de beaucoup, quand celui qui dirige est bon. » Progressivement, une opposition se forme. Des citoyens s'insurgent contre ce gouvernement illusoire ; on distingue bientôt trois groupes : les *Arrabbiati* (les Enragés), adversaires de Savonarole ; les *Piagnoni* (les Geignards), ses partisans, et les *Bigi* (les Tièdes), nostalgiques des Médicis. Savonarole reste indifférent à ses détracteurs presque autant qu'à ses zélateurs. Il ne se préoccupe que d'organiser sa cité idéale. Au cours de ses prédications, il réclame maintenant le bûcher pour ceux qui s'adonnent à des déviances sexuelles, pour les homosexuels et pour les joueurs invétérés. Jérôme Savonarole ne fait, à titre personnel, condamner personne. Ses partisans s'en chargent pour lui. La répression devient de plus en plus sévère. Ce n'est pas son affaire. Il ne pense qu'à « extirper le vice à la racine ». L'exécutif ne relève pas de son domaine ; il ne veille qu'aux âmes… Pendant ce temps, une terreur s'installe. Le prieur de Saint-Marc conseille aux mères de ne pas confier leurs enfants à des nourrices dont le lait pourrait transmettre des valeurs morales douteuses. Il oblige les femmes à se voiler la face et leur interdit d'intervenir dans la vie publique. Dans le domaine des arts, il réclame le renoncement à la représentation des corps. Il intervient dans la vie privée des

Florentins : les femmes sont invitées à tenir leur mari à distance lors des fêtes religieuses... et le plus souvent possible le reste du temps. Il demande qu'on punisse les blasphémateurs, en leur perçant la langue. Ses conseils prennent parfois la forme de châtiments bien réels. Les jeux d'échecs sont bannis, les friandises vivement déconseillées. En 1496, lui vient l'idée géniale d'endoctriner les enfants, pour mieux discipliner les parents. Jérôme Savonarole inaugure en Occident les brigades de jeunesse, qui feront tant d'émules, *a posteriori*, parmi les dictateurs et sectateurs de tous horizons. Les gamins, à partir de 10 ans, sont invités à se regrouper en bandes, sous la direction d'un petit chef de quartier ; habillés d'une robe blanche, croix au cou, ils sont chargés de veiller à l'ordre moral dans les rues de Florence. Ils sont autorisés à infliger des corrections « fraternelles » à ceux qui le méritent, à dénoncer les pécheurs – fussent-ils leurs propres parents –, et à rendre l'aumône obligatoire, c'est-à-dire à racketter qui bon leur semble. Les bandes d'enfants et d'adolescents au service de Savonarole sont maîtres des rues. Les femmes sont agressées pour peu que leurs vêtements ne soient pas jugés assez modestes et pudiques. Chacun se surveille et tremble de subir l'opprobre des petits sbires du prieur de Saint-Marc.

Pendant ce temps, le pape perd patience. Savonarole ne perd pas une occasion de le provoquer et le menace inlassablement des pires tourments de l'enfer. À plusieurs reprises, Alexandre VI l'invite à venir à Rome pour discuter de leurs différends. Savonarole refuse vertement, arguant que le Saint-Siège est occupé par un usurpateur, que Dieu ne saurait admettre comme chef de Son Église.

Le 23 mai 1497, accusé d'hérésie et de sédition, Jérôme Savonarole est excommunié par Alexandre VI. Tous ceux qui suivent le prieur sont menacés d'excommunication partielle. Le coup est d'autant plus rude qu'au début du mois, des opposants au régime de rigueur mené par Savonarole tentent de saper son autorité et sèment le trouble : les auberges rouvrent brièvement, les Florentins veulent recommencer à jouer, danser, s'enivrer et jouir. Frère Jérôme sent bien que la situation lui échappe. Il se soumet temporairement à l'interdiction de prêcher, ordonnée par le pape. Épuisé et démoralisé, il refuse malgré tout de laisser place au doute. Dans sa cellule, il ne cesse de se mortifier et de prier, appelant de toute son âme l'aide de Dieu.

Un mois plus tard, la peste décime le peuple de Florence. Le fléau sévira jusqu'à la fin de l'été. Savonarole clame au châtiment divin. Pourtant, ses frères et lui se dévouent au chevet des malades. Ils restent aux côtés des Florentins lorsque chacun cherche à fuir. Quand l'épidémie cesse, Florence retombe dans les bras de Savonarole.

La dernière prophétie

Après cet épisode, qui lui a permis de regagner une popularité fragile, Savonarole s'ingénie à durcir son régime. Ses milices de jeunes écument la ville, pillent, brutalisent tout le monde, lapident des prostituées, coupent les mains des voleurs. Début 1497 et 1498, le carnaval a été remplacé par une fête plus appropriée à l'édification des consciences, selon frère Jérôme : le bûcher des vanités. Il suit l'exemple de saint Bernardin de Sienne, qui a inventé ce rituel au début du siècle pour purifier les villes où il prêchait. Les brigades d'enfants de Savonarole réquisitionnent dans les maisons ce qu'il nomme les « vanités » ou « anathèmes » : tous les objets liés aux loisirs et au plaisir, et les signes extérieurs de richesse. Déguisements, masques, bijoux, poupées, parfums, jeux de société, instruments de musique, livres, miroirs sont confisqués et brûlés, au crépuscule, dans un immense feu de joie. Les artistes sont conviés à y déposer eux-mêmes leurs œuvres jugées les plus vicieuses. Parmi d'autres, Botticelli vient livrer aux flammes plusieurs de ses tableaux – il ne peindra jamais plus un nu ensuite. Le brasier flambe toute la nuit. Le règne florentin de frère Savonarole s'éteindra peu après.

En mars 1498, la seigneurie et l'ensemble du gouvernement municipal de Florence sont prévenus que le pape s'apprête à faire arrêter les commerçants florentins résidant à Rome, et à confisquer leurs biens. Un ultimatum est lancé par Alexandre VI : s'ils ne se désolidarisent pas de leur prieur, tous les citoyens devront subir les conséquences de sa disgrâce.

Quelques jours plus tard, frère Jérôme est contraint de renoncer à la prédication. Le 7 avril, un prédicateur franciscain, rival du prieur, propose une ordalie – une épreuve du feu – pour confirmer ou infirmer la validité de l'excommunication. On prépare un bûcher, au milieu duquel a été tracé un étroit passage : si le dominicain[1] peut y passer et s'en sortir sans brûlure, il aura prouvé que Dieu est bien de son côté. On empile donc des fagots sur une longueur de 25 mètres ; Savonarole passe des heures en prière. Les préparatifs traînent jusqu'en fin de journée… et la pluie se met à tomber. Le jugement de Dieu n'aura pas lieu ! La foule, qui s'attendait à un miracle, est déçue ; le mécontentement tourne à l'émeute.

Le 8 avril, les adversaires de Savonarole, ces Enragés qui attendaient leur heure depuis si longtemps, prennent les armes et se lancent à l'assaut du couvent. Le siège dure plusieurs heures, les frères se défendent âprement. Ils ne font pas le poids contre les attaquants, auxquels se joignent, par dépit, une partie des jeunes auparavant enrôlés dans les brigades du prédicateur.

1. Savonarole lui-même ou un frère désigné par lui.

Jérôme Savonarole et ses deux compagnons les plus loyaux, Sylvestre de Florence et Dominique de Pescia, sont arrêtés. Ils seront remis à des inquisiteurs chargés de leur faire avouer leur hérésie présumée. Soumis à plusieurs semaines de tortures, l'ancien prieur est condamné à mort « pour enseignement faux et corrupteur », ainsi que ses deux camarades. Au matin du 23 mai 1498, une foule d'environ 100 000 personnes assiste à leur supplice. Ils sont étranglés, brûlés et leurs cendres dispersées, pour que rien ne subsiste d'eux. La dernière prophétie de Savonarole s'est réalisée, il est mort en martyr, comme il l'avait maintes fois annoncé.

Aujourd'hui encore, le 23 mai de chaque année, une délégation de la ville et du couvent dominicain de Florence dépose des fleurs sur la place du Palazzo Vecchio, à l'endroit même où Savonarole a péri. Dans son ancienne cellule de Saint-Marc, sont conservés le rosaire qui ne le quittait jamais, et un petit morceau de bois, prélevé sur l'échafaud.

Chapitre 4

FRANÇOIS RAVAILLAC
LA PART DU DIABLE

> « Ce meurtre, c'est tout ce qui me reste de ma vertu [...] ;
> il faut que le monde sache un peu qui je suis.
> [...] L'humanité gardera sur sa joue le soufflet
> de mon épée marqué en trait de sang.
> Qu'ils m'appellent comme ils voudront,
> Brutus ou Érostrate, il ne me plaît pas qu'ils m'oublient.
> Ma vie entière est au bout de ma dague. »
>
> (*Lorenzaccio*, Alfred de Musset.)

D'aussi loin qu'il s'en souvienne, il a toujours provoqué méfiance et répulsion. François Ravaillac est né en 1577 à Touvre, dans l'Angoumois[1]. La misère et la détresse guident ses premiers pas. Sa mère, Françoise Dubreuil, est engrossée à quatre reprises par un époux abusif et violent, Jean Ravaillac. Le fruit de ses entrailles portera à jamais l'empreinte de la brutalité paternelle : l'aîné, Geoffroy, s'avère aussi sournois que son géniteur et passera la majorité de son existence à dormir sur la paille des cachots ; les deux sœurs de François fuiront, à peine nubiles, un foyer malsain, lassées de subir coups

1. Ancienne province délimitée par le Limousin, le Périgord, la Saintonge et le Poitou.

et outrages. Promiscuité, violence, atmosphère incestueuse. Le quotidien des Ravaillac s'enferre dans l'infamie et la précarité. Françoise peine à nourrir la maisonnée, quand son mari boit l'argent du ménage. Il aurait pourtant pu en être autrement. La famille des Dubreuil de Fontreau est de noble ascendance et, de l'autre côté, la famille des Ravaillac semblait prometteuse : l'oncle et le grand-père étaient procureurs à Angoulême, tandis que Jean lui-même a commencé une carrière de greffier à la mairie. Mais ce bon début est compromis par les conflits sanglants qui divisent les Français. En cette fin de XVIe siècle, le climat religieux est explosif : huit guerres civiles se succéderont jusqu'à la fin du XVIIIe siècle[1]. Cinq ans avant la naissance de François Ravaillac, a eu lieu le massacre de la Saint-Barthélemy[2], qui aurait fait 3 000 morts à Paris et près de 30 000 victimes dans le reste de la France. François n'a qu'une dizaine d'années lorsque le roi Henri III est assassiné à Saint-Cloud, le 1er août 1589, par le dominicain Jacques Clément, convaincu que le souverain est un hérétique. Le moine régicide est devenu un modèle – sinon un héros – pour les catholiques acharnés, et le pape Sixte V lui-même aurait fait son éloge public le 11 septembre 1589, si on en croit le chroniqueur Jacques-Auguste de Thou[3]. En 1588, Jean Ravaillac ne se mêle ni de politique ni de religion, se contentant de travailler pour le maire d'Angoulême, Normand de Puygrelier. Malheureusement, ce dernier s'engage avec son beau-frère, un dénommé Souchet, dans une bien périlleuse entreprise : avec d'autres bourgeois de la ville, ils complotent contre le puissant

1. Jusqu'à l'édit de Versailles, encore appelé édit de Tolérance, signé par Louis XVI le 7 novembre 1787, et permettant aux non-catholiques de bénéficier d'un état civil au même titre que les catholiques. En 1789, la Déclaration des Droits de l'homme et du citoyen inaugurera de fait la liberté religieuse accordée à tous en France.
2. 24 août 1572.
3. THOU de (Jacques-Auguste), *Histoire universelle depuis 1543 jusqu'en 1607*, Londres, 1734.

duc d'Épernon, qui possède le gouvernement de l'Angoumois. Ancien favori du roi Henri III, il est tombé en mésestime du monarque, tandis qu'on le soupçonne de pactiser avec le roi de Navarre (futur Henri IV) et de fricoter avec les réformés – les « huguenots », comme on les appelle depuis les années 1560[1]. Les ligueurs tentent alors de le tuer et de brûler son château. Bien mal leur en prend, ils sont décimés ! Ceux qui n'ont que des liens indirects avec les conspirateurs voient leur existence ruinée. Ainsi en est-il de Jean Ravaillac, déchu de ses fonctions du jour au lendemain, à la faveur de ce radical changement de municipalité. Rapidement, il noie son déshonneur dans l'alcool et sa malchance dans la débauche. Plus d'une fois, la pauvre Françoise et ses enfants le surprennent en vilaine posture avec des ribaudes. Son second fils – son enfant préféré, gratifié du même prénom qu'elle – en concevra un irrépressible dégoût de la sexualité. Devenu adulte, il priera pour dompter les odieux soubresauts de sa chair : « Jésus, aidez-moi, faites de moi une créature pure. Notre Père qui êtes aux cieux, protégez-moi de ces hontes et surtout pardonnez à mon immonde enveloppe humaine[2]. » Son père terrestre, hargneux, le cogne autant qu'il peut, en maudissant « cette saleté de rousseau » qui lui porte malheur. François est un petit garçon très réservé, au teint clair troué par deux grands yeux sombres, et à l'épaisse chevelure brun-roux. « Couleur du feu, couleur de Judas ! », cancanent les mauvaises langues. La très pieuse Françoise Ravaillac ne parvient pas à protéger son enfant des préjugés, encore vivaces, assurant que les roux n'ont pas d'âme. Elle prie, pleure et transmet à François toute sa ferveur religieuse : la consolation, la rédemption ne se trouvent que dans les pas du Christ. L'enfant espère le para-

1. La première occurrence littéraire date de 1562, lorsque le mot apparaît dans un quatrain de Ronsard intitulé *Remonstrance au peuple de France*.
2. GARRISSON (Janine), *Ravaillac, le fou de Dieu*, Payot, Paris, 1993.

dis et tremble devant les descriptions de l'enfer. L'au-delà lui paraît vite plus juste, et beaucoup plus réel, que le cruel monde des hommes où chaque jour apporte son lot de peines : le père Ravaillac ayant dilapidé l'argent du ménage, Françoise est réduite à demander la charité pour survivre. Elle confie l'éducation de François à ses frères, Julien et Nicolas Dubreuil, chanoines à la cathédrale d'Angoulême. Ils lui enseignent la lecture, l'écriture, les Évangiles et la haine des protestants – ces fléaux de leur famille et de l'Église. À 11 ans, il est placé comme valet de chambre puis devient clerc de notaire et, enfin, coursier judiciaire d'un procureur parisien en 1604. Ravaillac a grandi entre la croix du Christ et le glaive de la Justice, deux symboles qu'il finira par lier indissociablement dans son esprit d'illuminé. Dès qu'il le peut, il revient à Touvre, près de sa mère, officiellement séparée de Jean Ravaillac en 1605. Grâce au curé de la paroisse, on trouve au jeune homme de l'ouvrage. Il fait office de maître d'école et enseigne le catéchisme aux jeunes ouailles de l'église Saint-André d'Angoulême. En échange de ses services, il reçoit des œufs, du pain, du vin et occasionnellement, un peu de lard. L'indigence ne le rend pas moins exigeant avec ses élèves. François Ravaillac a volontiers la main leste pour les cancres ou les irrespectueux : un jour, il châtie d'une cuisante raclée le fils du boulanger, parce qu'il a fait une grimace devant une statue de la Vierge[1]. Sainte Marie pardonne mais pas lui ! Grand, robuste et taciturne, François Ravaillac est devenu un homme craint, à qui on ne connaît ni femme ni amis. Il ne fréquente que les prêtres, ne parlant que pour se confesser. Son étrangeté et sa mélancolie le marginalisent. Peu après son retour en Angoumois, un meurtre est commis… et c'est le rouquin qu'immédiatement on soupçonne ! Jeté en prison à

1. BÈGE (Jean-François), *Ravaillac*, Éditions Sud Ouest, Bordeaux, 2010.

cause de sa mine patibulaire, il n'est acquitté qu'au bout de plusieurs mois, quand le vrai criminel est enfin démasqué. Une autre fois, il est mis au cachot pour dettes. Il en profite pour prier. Il mange peu et mal, n'ayant pas d'argent pour payer un quelconque supplément de nourriture au geôlier. Sous-alimenté et plongé dans un état de désolation spirituelle, il cherche à transcender sa condition de prisonnier grâce à la contemplation. Il racontera plus tard à ses juges qu'il a « senti le feu du soufre et de l'encens », et vu à quoi ressemblait le purgatoire. Après cette incarcération révélatrice, il éprouve de nouveau la volonté divine ; un samedi soir suivant la Noël, il observe matines (entre minuit et le lever du jour) à genoux, mains jointes et pieds croisés pour prier, lorsqu'il a l'impression qu'on appuie un objet invisible contre ses lèvres : « En cet état, il eut volonté de chanter les cantiques de David [...]. Il lui sembla que, les chantant, il avait à sa bouche une trompette faisant pareil son qu'une trompette à la guerre[1]. » Dieu sonnerait-il la charge ? Ravaillac est bouleversé. Son épiphanie se précise. Il grelotte en chemise, tisonnant l'âtre pour relancer la combustion de quelques sarments, s'agenouille pour souffler sur les braises. Des scories et flammèches sont projetées autour de son visage empourpré. Dans les flancs cuivrés du chaudron accroché à la crémaillère, le salue son reflet déformé et irradiant. Un autre lui-même, de lumière et de chaleur, évanescent, libéré des contingences de ce triste monde. Non pas le diable roux que vilipendent ces ânes bâtés de villageois, mais un soldat de Dieu en armure ! Alors qu'il continue à s'époumoner pour réchauffer ce feu mystique, l'alchimie opère. L'observateur est transformé par ce qu'il perçoit. Le jeune homme se souvient de ce qu'il a appris dans les

1. *Mémoires-journaux de Pierre de L'Estoile. Édition pour la première fois complète et entièrement conforme aux manuscrits originaux*, Ulan Press, 2012 et 2013.

textes sacrés et entrevoit un chemin qui s'ouvre à lui : « De même que Jésus-Christ a pris la nature humaine pour la délivrance et la rédemption du genre humain, prisonnier du péché par la suite de la désobéissance d'Adam, de même, dans notre art, ce qui est souillé criminellement par une chose est relevé, lavé et racheté de cette souillure autrement, et par la chose opposée[1]. » François Ravaillac poursuivra donc sa quête ou, en quelque sorte, son grand œuvre. Son récit folklorisé par le temps, déformé par les greffiers qui l'ont pris en note, et souvent tourné en ridicule, a perdu sa saveur initiale et son caractère initiatique. Le grand drame de Ravaillac, c'est de ne jamais avoir été pris au sérieux. Dommage de réduire ainsi des propos considérés comme simples élucubrations, car ils nous éclairent sur la personnalité du futur régicide et sur sa détermination. François Ravaillac n'est ni un fou ni un simplet. Il est modérément instruit et affligé d'une sensibilité à vif. Certes, il assimile les scories du feu à « des hosties que lève le prêtre à la célébration du service divin » : en familier des églises, Ravaillac est habitué à en utiliser et projeter les symboles, même inconsciemment. Il s'exprime comme il peut, avec ce qu'il connaît. Ses visions ne sont pas que des hallucinations, elles servent à raffermir sa volonté. Son extase religieuse soustend et encourage un but politique. Concrètement, Ravaillac veut changer le cours des événements.

Face au « Dragon Roux de l'Apocalypse »

« Il faut tuer le roi. » Ravaillac retourne la question dans tous les sens, mais en arrive toujours à cette même conclusion.

1. Pseudo-Lulle, cité dans *Le Codicille de Raymond Lulle*, Léonce Bouyssou (trad.), La haute Science, 1953.

Dès son arrivée sur le trône, en 1589, les catholiques contestent la légitimité d'Henri IV, ses conseillers et sa politique favorable aux protestants. Il a beau avoir déclaré vouloir « maintenir et conserver la religion catholique, apostolique et romaine », le royaume se refuse à lui. Il ne l'obtiendra qu'au terme de quatre ans d'âpres batailles et de son abjuration solennelle du protestantisme, en la basilique Saint-Denis le 25 juillet 1593 – ce qui constitue d'ailleurs un autre élément à charge pour les ligueurs catholiques : cet insupportable relaps a changé six fois de religion (dont trois fois avant l'âge de 9 ans !) au gré des événements. Les ligueurs méprisent les efforts d'Henri IV pour dénouer les tensions religieuses – tels que la signature de l'édit de Nantes, le 13 avril 1598. Son œuvre de reconstruction et de pacification est lente et difficile, ralentie par les nombreuses rébellions des grands du royaume. Avant d'en arriver à l'épisode de la légendaire poule au pot[1], les griefs se sont accumulés. Et lorsque le ministre Sully résume son idée pour rendre à la France sa prospérité, en déclarant son fameux « Labourage et pâturage sont les deux mamelles de la France[2] », il faut encore mater de multiples jacqueries. Par ailleurs, pour redresser l'économie, développer l'industrie, de nouvelles techniques et encourager les arts, il a bien fallu augmenter, dans un premier temps, les taxes et impôts – évidemment très impopulaires. La pertinence de ses réformes, que l'Histoire saluera après sa mort, n'est pas immédiatement comprise. Bref, le peuple de France

1. Contrairement à une idée reçue, Henri IV n'a jamais voulu en faire le plat national français ! Selon le chroniqueur Hardouin de Beaumont de Péréfixe (précepteur du futur Louis XIV), le roi aurait dit au duc de Savoie, pendant une discussion passionnée : « Si Dieu me donne encore de la vie, je ferais qu'il n'y aura point de laboureur en mon royaume qui n'ait moyen d'avoir une poule dans son pot ! », c'est-à-dire dans sa marmite.
2. BÉTHUNE de (Maximilien), *Les Œconomies royales de Sully : 1595-1599*, Librairie Droz, Genève, 1988.

n'est pas acquis à son roi, malgré les efforts constants des propagandistes de la Couronne. Henri IV est le premier roi de France à déployer une vraie stratégie de communication. Il ne néglige jamais de faire distribuer des tracts, pour rassurer la population ou l'informer d'événements marquants (récits de ses victoires, bulletins faisant état de sa bonne santé, formules de propagande, etc.). Il encourage et supervise la diffusion d'historiettes illustrées faciles à comprendre par tous, d'estampes, ou de gravures le mettant en scène. Henri IV aime être salué et reconnu. Le Béarnais est très fier de son image : un nez épicurien, son fameux panache blanc, une écharpe blanche sur la cuirasse, ses moustaches et barbiche de faune... Séducteur, le Vert Galant l'est ! Encore un trait de caractère que Ravaillac déteste au dernier degré : les chroniqueurs estiment que le roi a eu au moins 74 maîtresses en plus de ses deux épouses ; toutes ces dames lui ayant donné 22 enfants dont 14 légitimes ou reconnus. Mais la goutte d'eau qui fait déborder le vase – ou plutôt, le bénitier, vu les circonstances –, c'est la nouvelle guerre dans laquelle il s'apprête à entraîner les Français, après la mort sans héritier du duc Jean-Guillaume de Clèves le 25 mars 1609. Les voisins européens se bousculent à sa succession au duché de Juliers[1], les puissants fiefs catholiques s'opposant alors aux bastions protestants. Désireux d'empêcher la mainmise de l'Espagne sur un territoire que lui-même convoite, Henri IV s'allie avec les princes protestants allemands contre Madrid et Vienne. Rodolphe de Habsbourg le prend de vitesse et occupe Juliers en juillet 1609. La réaction française ne se fait pas attendre : Henri IV lève une armée de 40 000 hommes. Hardi, le Vert Galant dégaine ! Car sa motivation dépasse la seule volonté

1. Ancienne principauté du Saint-Empire romain germanique, sur la rive gauche du Rhin, incorporée à la Rhénanie-Westphalie, dont la capitale est Juliers et la ville principale Aix-la-Chapelle.

de contrer l'Espagne : le roi cherche aussi à occuper Bruxelles, où est retenue, par son mari, Charlotte de Montmorency, princesse de Condé, un tendron de 15 ans dont il est tombé éperdument amoureux et qu'il veut ramener dans son giron manu militari. L'amour ou la guerre ? À 56 ans, Henri IV ne choisit jamais entre les deux ! Ce faisant, il s'attire les foudres des catholiques : en devenant l'allié des princes protestants, il devient de facto un ennemi du Saint-Siège. « Faire la guerre à l'Espagne, c'est faire la guerre au pape », murmure-t-on avec crainte dans tout le royaume. Crainte pour les pertes humaines à venir, bien sûr, mais aussi du côté des catholiques, sainte terreur du châtiment divin ! Car si Henri IV se met à dos le Vatican, il s'expose à être frappé d'excommunication – auquel cas, tous les Français dans son sillage auront à répondre de l'avoir suivi. Les ultra-catholiques le comparent à l'Antéchrist et citent l'Apocalypse de saint Jean pour le décrire.

« Faire la guerre au pape, c'est faire la guerre à Dieu » : Ravaillac se voit déjà en enfer, parmi les autres damnés de France, par la faute du roi ! « Une telle ignominie est impensable. » Si peu lui en chaut de risquer la colère des hommes, il ne supporterait pas, en revanche, de se mettre en tort avec sa foi. Pour résoudre ce dilemne, il compulse des ouvrages scolastiques, textes d'exégètes, se replonge dans les saintes Écritures, s'imprègne de la doctrine… telle qu'il l'interprète. Comme on pouvait s'y attendre, les résultats de son étude sont conformes à ses souhaits. Il déduit des doctes documents qu'il lui est permis d'occire le roi, pourvu que celui-ci soit un tyran. Tyran ? Henri IV l'est, assurément, puisqu'il entraîne son peuple sur la pente scabreuse de l'hérésie ! Néanmoins, Ravaillac ne néglige aucune des subtilités et nuances attachées à cette catégorie du souverain absolutiste. Il sait que l'enfer est pavé de bonnes intentions et que les siennes doivent être irréprochables, s'il ne veut pas encourir le courroux de saint Pierre quand son tour sera venu d'arriver là-haut. Il doit donc tenter d'infléchir la volonté du roi, avant d'être contraint de l'assassiner, acte ne devant intervenir qu'en dernier recours. Sa conscience ainsi rassérénée, il se met en route pour Paris en décembre 1609, projetant d'obtenir audience d'Henri IV. Le voyage dure quatorze jours. Ceux qui le croisent s'écartent prudemment sur son passage : avec sa mine hâve, sa haute silhouette noueuse, ses habits vert foncé et son cache-misère (un manteau de voyage, dans lequel on s'enroule pour dormir), Ravaillac inspire plus que jamais la défiance. Une fois parvenu dans la capitale, il cherche pendant un mois le moyen de parler au roi. Pas moyen, évidemment, d'entrer au Louvre. Il s'adresse à un écuyer de la reine, disant qu'il a un message spirituel à délivrer au souverain. L'autre ricane et lui tourne le dos. Il se présente à un secrétaire, puis à la porte d'un cardinal. Chaque fois, on le repousse, rebuté par son air hagard et son discours abrupt. Il parvient enfin à aborder le capitaine des Gardes royaux, duc de La Force. Par trois fois, il l'accoste et s'efforce de le convaincre : « Passe ton chemin, papault, catholique à gros grains[1] ! » lui répond le chef exaspéré. Ainsi remis à sa place, Ravaillac ne peut que guetter les allées et venues d'Henri IV. Un matin, il aperçoit son carrosse près de la rue Saint-Denis, et fend la foule des badauds en hurlant : « Sire, sire, au nom de notre Seigneur Jésus-Christ et de la Sainte Vierge Marie, il faut que je vous parle ! » Le normand Joachim de Bellengreville, ancien compagnon d'armes du Béarnais et grand prévôt de France assurant la police de la cour du roi, le fait immédiatement écarter. La populace se moque de Ravaillac, jeté dans la boue. À bout de forces, il se réfugie chez le père d'Aubigny, un jésuite de sa connaissance rencontré quatre ans

1. Un catholique outré, qui passe son temps à égrener son chapelet.

auparavant, lorsqu'il avait pensé se faire moine. Le grand drame de sa vie ! Il a d'abord voulu entrer comme frère convers dans l'ordre d'origine cistercienne des Feuillants : une des plus sévères communautés, dont les frères doivent avoir tête et pieds nus en toute saison, dormir sur des planches, manger à genoux, s'imposer les plus extrêmes privations ; surtout, en 1587, ils se sont établis à Paris, puis joints aux ligueurs, en proférant des sermons très virulents contre les réformés. Mais une fois le Béarnais sur le trône, il leur a fallu se tempérer et faire profil bas. Pas rancunier, Henri IV leur a pardonné et permis de continuer à exister. Les Feuillants en restent reconnaissants. Cet apaisement consenti des deux côtés est vraisemblablement la raison profonde pour laquelle Ravaillac est rejeté de l'Ordre. Au bout d'un mois, le prieur des Feuillants a invoqué son « esprit dérangé » : la nuit, il réveillait les autres par ses hurlements et crises de nerfs ; le récit de ses visions incommode ; ses transes extatiques paraissent louches. En vérité, le plus grand désordre consisterait à accepter un novice aussi virulent contre le roi ! Ravaillac ne l'a pas compris, et cet échec l'a empli de honte. En 1606, il fait une ultime tentative pour être admis chez les jésuites. Les mêmes causes produisant les mêmes effets, la Compagnie de Jésus l'évince. Depuis lors, il quémande un peu d'attention de la part des prêtres qui l'ont marqué. Il continue de les agacer avec ses discours enfiévrés et ses confessions outrées. Le père d'Aubigny ne le supporte plus : il lui conseille de rentrer chez lui, de se caler l'estomac avec une bonne soupe pour éviter les hallucinations, et de prier ! Ravaillac n'insiste pas. Jamais l'idée ne lui viendrait de contredire un homme de Dieu. Tête basse, il va mendier sa pitance chez les jésuites de la rue Saint-Antoine, avant de reprendre le chemin d'Angoulême.

Le soldat de Dieu

Ravaillac s'accorde le temps de la réflexion et reste attentif aux signes que le Ciel pourrait lui envoyer. Il se confesse et s'accuse d'« homicide par intention ». Cette précaution rhétorique lui permet d'exprimer ses doutes et la difficulté d'assumer ce qu'il prend pour sa mission, sans risquer d'être dénoncé à la justice. Le curé n'y prête que vaguement l'oreille, étant accoutumé à ce que François se bafoue de manière spectaculaire. Les semaines défilent, sa résolution s'affermit à mesure que l'offensive décidée par Henri IV se précise. Ravaillac fait carême avec un zèle décuplé, jeûne et prie comme jamais. À Pâques, il ne participe pas à la communion ; le sang qu'il s'apprête à verser souille ses pensées et le rend indigne de l'eucharistie. S'exclure ainsi de ce rituel constitue pour lui un sacrifice énorme. Jamais il ne connaîtra pire tourment que de manquer ce rendez-vous unique, promesse de rédemption et partage d'amour avec son Sauveur. Ravaillac distingue avec acuité le Bien du Mal, la haine de l'amour. Nulle folie n'obscurcit son jugement en la matière.

Tuer un roi. Il sait combien ce geste est lourd de conséquences. Pour mieux en mesurer la portée, il continue avec application ses lectures, mais s'intéresse, cette fois, à ses éventuels prédécesseurs – et s'aperçoit que l'Histoire récente n'en manque pas. Les attentats visant des personnalités sont une tendance marquée du moment, expédient radical pour reconfigurer le jeu politique sur l'échiquier européen.

Le 18 février 1563, un de ses compatriotes de l'Angoumois – bien qu'ennemi en religion –, le huguenot Jean de Poltrot, abat le Duc de Guise, chef des catholiques durant la première guerre de religion, qui mourra de ses blessures six jours plus tard. Le 10 juillet 1584, un certain Balthazar Gérard assassine Guillaume le Taciturne, prince d'Orange et père des

Pays-Bas (dont la devise est restée célèbre : *Il n'est pas nécessaire d'espérer pour entreprendre ni de réussir pour persévérer*). Sans doute Ravaillac frémit-il en apprenant l'effroyable exécution du tueur : sa main droite est brûlée au fer rouge, sa peau est arrachée de ses os en six endroits différents, avec une tenaille ardente. Il est ensuite écartelé, son cœur est arraché, on le décapite, puis on exhibe sa tête sur une pique. Outre-Manche, le 5 novembre 1605, le catholique Guy Fawkes a voulu faire exploser Jacques Ier d'Angleterre et la Chambre des lords, au palais de Westminster, lors de la conspiration des Poudres. Henri IV lui-même a été maintes fois menacé ou attaqué, et a esquivé pas moins de vingt-cinq attentats contre sa personne[1]. Il sait parfaitement à quoi l'expose son règne, tandis que des complots contre sa vie sont démantelés ou fomentés chaque jour. Le dernier en date est l'attentat commis le 27 décembre 1594, par Jean Châtel, 19 ans, fils d'un drapier parisien et ancien élève des jésuites au collège de Clermont, dans le 5e arrondissement de Paris – renommé en 1682 *Collegium Ludovici Magni*, « collège de Louis-le-Grand ». Réussissant à se glisser parmi les courtisans pendant une audience, il manque son coup de peu, comme le décrit Voltaire dans son *Histoire du parlement de Paris* publié en 1769 : « Il se mêla dans la foule des courtisans dans le moment que le roi embrassait le sieur de Montigny : il portait le coup au cœur ; mais le roi, s'étant beaucoup baissé, le reçut dans les lèvres. La violence du coup était si forte qu'elle lui cassa une dent, et le roi fut sauvé pour cette fois. » Le Vert Galant s'en tire avec une estafilade en travers de la bouche et une dent cassée. Quelques jours plus tard, il rassure le peuple et rend grâce à Dieu pour « qu'Il lui plaise de le conserver

1. CUIGNET (Jean-Claude), *L'Itinéraire d'Henri IV. Les 20 597 jours de sa vie*, Grancher, Paris, 1997.

toujours en Sa sainte protection contre tels assassinats, auxquels ses ennemis ont si souvent recours ». Quant à son agresseur, il est écartelé en place de Grève deux jours après. Ravaillac n'ignore aucun détail du sort qui est réservé aux assassins des rois. Cependant, courage lui est redonné par l'*Apologie de Jehan Chastel* que Jean Boucher, curé de l'église Saint-Benoît-le-Bétourné[1] et docteur de la Sorbonne, a rédigée à la mort de Châtel. Le prêtre, banni de France pour ses libelles séditieux, héroïse le régicide et en appelle même à une nouvelle tentative !

La résolution de Ravaillac se nourrit des exhortations du moment et de motivations multiples, dont certaines touchent à la sphère personnelle. N'ayant pas pu communier à Pâques, il a demandé à sa mère de le faire en pensant à lui. On ne sait pas ce que lui a répondu Françoise. Pendant l'instruction de son procès, Ravaillac aura à ce sujet une remarque poignante, rare témoignage de sa détresse affective : le colosse fondra en pleurs, affirmant que sa mère, « depuis [qu'il est] au monde, est portée d'une plus religieuse affection envers son Dieu qu'envers [lui] ». Un détail moins anodin qu'il n'y paraît de prime abord, puisque le meurtre d'un roi est alors légalement qualifié de « parricide ». Le souverain est littéralement le père de son peuple. De son côté, Henri IV se complaît à incarner cette image du bon patriarche – pour ses sujets, comme pour sa nombreuse progéniture. Il tient à ce que ses enfants l'appellent « papa » et n'aime rien tant que les réunir pour jouer avec eux[2], du jamais-vu dans le contexte de l'époque, où prévaut le sentiment de saint Augustin selon lequel « l'enfance est l'état le plus vil et le plus abject de la nature humaine

1. Dans le 5e arrondissement, quelque part le long de l'actuelle rue des Écoles. L'édifice a aujourd'hui disparu.
2. Le peintre Jean-Auguste-Dominique Ingres immortalisera semblable scène, en 1818, dans un de ses plus célèbres tableaux.

SAVONAROLE

«Le Verbe de Dieu est dans mon cœur comme un feu ardent ; si je ne lui cède pas, il consumera la moelle de mes os !»

Au cours de ses prédications enflammées, Savonarole réclame le bûcher pour les adultères, les amateurs de jeux et voue aux enfers les artistes qui représentent la nudité.

TORQUEMADA

Le Grand Inquisiteur d'Espagne écrivit dès 1484 un manuel destiné à la pratique de l'interrogatoire sous la torture – devenu un classique pour les dictatures modernes jusqu'à nos jours.

«Dieu sait tout, il ne sert à rien de lui mentir», tel était le leitmotiv de l'âme damnée des Rois catholiques, Isabelle d'Espagne et Ferdinand d'Aragon.

RAVAILLAC

MORT DE HENRI IV (1610).

Au matin du 14 mai 1610, Henri IV aurait confié à ses proches : *« Mon Dieu, j'ai quelque chose là dedans qui me trouble fort »*. Prémonition ? Ce jour-là, sa rencontre avec Ravaillac lui sera fatale...

Éduqué par des chanoines puis employé d'un procureur parisien, Ravaillac vénère la croix du Christ et le glaive de la Justice.

RAVAILLAC

SABBAH

En 1090, Hasan al-Sabbah, le « Vieux de la Montagne » instaure le premier réseau terroriste de l'Histoire. Comment se protéger de celui qui n'a pas peur de mourir ?

Fondateur de la secte des Assassins, Hasan Sabbah disait : *« Nous ne sommes pas des meurtriers mais des exécuteurs, nous devons agir en public, pour l'exemple. Nous tuons un homme, nous en terrorisons cent mille. »*

HIRŌ ONODA

L'officier Onoda a continué seul «sa» Seconde Guerre mondiale, sur une île des Philippines, jusqu'en... 1974.

Lorsqu'il avait six ans, la mère de Hirō Onoda lui demanda de se faire *hara-kiri*. Il n'en eut pas le courage et passa son existence à tenter d'effacer ce déshonneur.

Onoda est devenu une icône nationaliste, sans remords ni regrets pour ses victimes : «*Je ne me suis jamais rendu. J'aurais eu horreur de perdre.*»

HIMMLER

Heinrich Himmler, mystique de pacotille et éleveur
de poules à ses heures perdues, est l'instigateur
du système concentrationnaire nazi.
Il sera responsable de plus de dix millions de victimes.

En 1929, Himmler a été nommé *Reichsführer SS*. Il a gravi les échelons vers son idole, son maître à penser, son Dieu unique : Hitler.

Il voulait être rock star et rêvait d'un duo avec Madonna : il deviendra gourou et chef leader para militaire.

Le 19 avril 1993, Koresh mène à la mort la secte de Waco. Il obligera 82 personnes dont 21 enfants à périr avec lui.

KORESH

CHAPMAN

L'assassin de John Lennon a réclamé huit fois sa liberté conditionnelle depuis 2000. En vain. Il a déclaré qu'il « espérait retrouver Lennon au paradis ».

CHAPMAN

La mort d'un symbole : c'est pour devenir célèbre à son tour que Chapman a commis l'irréparable.

après celui de la mort ». Ravaillac s'apprête à tuer un père mortel, indigne selon ses critères, pour y gagner l'affection du divin Père et de sa propre mère. Voilà donc un mobile supplémentaire.

À Pâques, Ravaillac se remet donc en route pour la capitale, bille en tête. *Tuer le Roi.* Il commence par rôder autour du Louvre, en plein chantier. Le Béarnais veut réaliser son grand dessein architectural : relier le palais du Louvre et celui des Tuileries, grâce à deux galeries. Le vagabond angoumoisin a d'abord logé quelques nuits à l'auberge des Cinq-Croissants, rue Saint-Jacques, avant de se rapprocher de la résidence royale : rue du Faubourg Saint-Honoré, il s'arrête à l'hôtellerie des Quinze-Vingts. L'établissement le refoule, étant complet. Avant de partir, Ravaillac avise un couteau sur une table et s'en empare discrètement. Il n'est pas habitué à voler, mais cède à une impulsion ; quelques semaines plus tard, il expliquera avoir senti que l'objet « lui semblait propre à exécuter sa volonté ». Une fois dehors, il examine son butin : une solide lame de vingt-six centimètres, avec un manche en os de baleine d'une longueur de dix centimètres, qu'il dissimule facilement dans son sac ou son manteau. Il trouve finalement à se loger face à l'église Saint-Roch, dans l'hôtellerie des Trois-Pigeons. Point de roucoulades pour lui, la mort est la seule maîtresse qui lui sied. Pendant des heures, il retourne le couteau entre ses doigts et s'imagine l'enfoncer dans la chair du roi. « Tombera-t-il sur un os ? Pénètrera-t-il aisément ? » Le maniement des armes ne lui est pas familier. Toutefois, il voit bien que le manche branle et risque de se briser à un moment inopportun. Il le fait remplacer par une poignée en bois de cerf. Le couteau de cuisine devient coutelas de chasse. Ravaillac est armé. Il lui faut pourtant patienter encore, avant de se lancer aux trousses de sa victime. Soucieux de ne pas mettre le peuple de France en posture délicate, il a planifié d'attendre le couronnement de la reine Marie de Médicis : ainsi pourra-t-elle assurer la régence après son défunt époux. Peut-être aussi s'accorde-t-il un dernier délai avant l'acte fatal… Trois semaines se passent. Le couronnement a été repoussé. La volonté de Ravaillac vacille. Il est pris d'angoisse et quitte Paris. Il arrive à Étampes, épuisé par des nuits sans sommeil et par colère envers lui-même. Triste surprise d'avoir envie de tout abandonner, de n'être pas si fort qu'il le croyait, de ne pas atteindre l'absolu qu'il s'est fixé, d'être tenté par la résignation. En passant devant une charrette, il y plante si violemment son coutelas que le bout de la lame casse. Un peu plus loin, à un carrefour, il tombe en arrêt devant la croix d'un calvaire. Le Christ lui-même lui barre le chemin du retour ! Terrassé par la honte, il tombe à genoux, prie longtemps, retrouve son calme. Sur une pierre trouvée dans l'herbe, il aiguise sa lame, reforme une pointe. Sa main est ferme. Lorsqu'il se relève, il sait que plus rien ne l'arrêtera. Demi-tour.

Le sang des Innocents

Le 13 décembre 1610, la reine est couronnée à la basilique Saint-Denis. Le lendemain, Ravaillac se poste à la sortie du Louvre. Une première fois, le roi sort pour aller à la messe, puis revient. Il est si bien entouré que Ravaillac ne peut pas l'approcher. Qu'à cela ne tienne ! Le soldat de Dieu n'est pas pressé. À 4 h de l'après-midi, nouveau remue-ménage dans la cour du Louvre. Henri IV monte en carrosse, le duc d'Épernon s'assied à sa droite, le duc de Montbazon et cinq autres courtisans s'installent autour d'eux. Les rideaux de cuir sont relevés. Le roi se rend à l'Arsenal pour voir son ministre Sully, qui garde le lit en raison d'un refroidissement. Le véhicule s'ébranle et quitte la cour, passant sous la voûte de l'entrée où est assis Ravaillac, au milieu des laquais attendant leur maître. Il suit l'équipage à pied dans les ruelles encombrées. Jacques Nompar de Caumont, premier duc de La Force et ami du roi, fait partie de la suite royale : « Le carrosse tourne dans la rue Saint-Honoré, laisse à gauche le cimetière des Saints-Innocents, s'engage dans la rue de la Ferronnerie [...]. Des échoppes qui s'appuyaient au mur du cimetière l'encombraient[1] » ; le carrosse est bloqué par une charrette de foin et un haquet chargé de tonneaux de vin. Les valets de pied coupent par le cimetière, afin d'attendre le reste de l'équipage dans la rue Saint-Denis. « Pendant ce temps, le carrosse, la roue droite dans le ruisseau creusé au milieu de la rue, penche fortement du côté du duc d'Épernon. Le roi, assis du côté opposé et penché comme le carrosse du côté du duc, à qui il lit une lettre, frôle presque les échoppes, car la rue est sans trottoir. Voici une boutique à l'enseigne amusante, “Au cœur couronné percé d'une flèche”[2], et devant, une borne pour aider les cavaliers à se mettre en selle. » C'est l'occasion pour Ravaillac d'entrer dans l'Histoire ! D'un bond, il prend appui sur la borne avec un pied, et sur le marchepied du véhicule avec l'autre, plongeant par la portière pour poignarder le roi. Il frappe trois fois. Le premier coup atteint Henri IV sous l'aisselle, le deuxième lui tranche l'aorte, le troisième glisse et blesse le duc de Montbazon au bras. Le roi n'a plus que quelques minutes à vivre. Après avoir crié « Je suis blessé ! », il murmure « Ce n'est rien, ce n'est rien... », puis s'éteint. Ravaillac lui-même est sidéré par la rapidité de son acte si longtemps prémédité. Il en reste interdit, le couteau à la main. La confusion est telle autour du souverain saigné à mort,

1. BÈGE (Jean-François), *Ravaillac*, *op. cit.*
2. Devenue aujourd'hui le Café du Cœur Couronné, 6 rue de la Ferronnerie.

qu'il pourrait alors s'enfuir. Ravaillac n'y pense pas. Il ne se détourne pas, se laissant arrêter sans opposer de résistance. Le duc d'Épernon donne l'ordre d'emmener le régicide pour le soustraire à la fureur populaire : l'odeur du sang et le criminel apathique en appellent trop nettement au lynchage. On le conduit au plus près, dans l'hôtel de Retz voisin, où il restera deux jours avant d'être transféré à la Conciergerie. Les grands du royaume défilent dans son cachot, chacun s'appliquant à découvrir les éventuels manipulateurs ou commanditaires du régicide. Le père Cotton, jésuite devenu confesseur du roi, est gagné par une singulière panique et le presse de n'accuser à la légère aucun haut personnage : « Mon ami, lui dit-il, gardez-vous d'accuser des innocents ! » On a peur que Ravaillac parle. On craint que cet hurluberlu criminel désigne des complices réels ou imaginaires. Qu'il invente ou qu'il débine. Il n'en fait rien. Ni la douceur ni la torture n'infléchiront son discours. Sur tous les tons, le malheureux affirme qu'il a agi seul, croyant faire la volonté de Dieu. « Dieu seul ! » Pourtant, les rumeurs de complot vont bon train et nombreux sont ceux qui lui prêtent de hautes accointances : le duc d'Épernon et Henriette d'Entragues, marquise de Verneuil – maîtresse évincée, à qui le roi avait autrefois promis le mariage – arrivent en tête de liste des instigateurs possibles. Selon d'autres thèses, Ravaillac aurait été manipulé par les Habsbourg, par Philippe II d'Espagne, par les jésuites… Les candidats ne manquent pas. De fait, Henri IV avait tant d'ennemis que le choix reste fort large – et sujet à débat, plus de quatre cents ans après le crime.

Pendant treize jours, les interrogatoires et les séances de torture se succèdent. On lui serre les pouces avec des vis jusqu'à les lui briser, on lui broie les jambes, lors du supplice des brodequins. Il supplie, hurle, s'évanouit mais persiste à nier avoir été à la solde de quiconque. Le 27 mai 1610, son arrêt de mort est prononcé par le parlement de Paris, au terme d'un procès de dix jours. François Ravaillac est reconnu coupable « du crime de lèse-majesté, divine et humaine au premier chef, pour le très-méchant, très-abominable et très-détestable parricide commis en la personne du feu roi Henry IV ». Vers 3 h de l'après-midi, il est conduit devant Notre-Dame pour y faire amende honorable, en chemise et pieds nus. Sa demande de pardon est inaudible, couverte par les injures et les vociférations de la foule – soudain unie dans la haine du régicide, et prise d'amour pour un roi qu'hier encore chacun critiquait ! On fait ensuite monter le condamné dans une charrette pour le conduire en place de Grève[1]. Le trajet dure près d'une heure, ralenti par le flot humain déchaîné. Avant d'être remis entre les mains du bourreau et de ses assistants, François Ravaillac, à nouveau interrogé, réitère ses déclarations. « Seul ! Seul pour Dieu ! » La foule n'entend pas ce qu'il dit, hurlant d'impatience pour que le spectacle de l'exécution commence. Sur l'échafaud, Ravaillac est immobilisé, enserré à la taille par deux blocs de bois. Son bras droit, qui a tenu le couteau, est calciné jusqu'au coude et sa main, percée de part en part avec une lame rougie au feu. Des hourras retentissent. Vient ensuite le supplice des tenailles. On lui arrache des lambeaux de chair sur la poitrine et les cuisses, avec des pinces brûlantes. Ses plaies sont arrosées d'un mélange de plomb fondu, de cire, de soufre, d'huile et de poix bouillante. Le misérable pousse des gémissements de bête à l'agonie. « Encore ! Encore ! » Le peuple réclame aux tortionnaires de prolonger la scène. On ne cesse de le brûler que pour lier ses quatre membres à des longes, attachées à des chevaux. Pendant ce très bref répit, il trouve la force de demander l'absolution au prêtre présent à ses côtés. Le religieux y

1. Actuelle place de l'Hôtel-de-Ville.

consent, à la condition qu'il ait dit toute la vérité et qu'il n'ait pas de complices – sous peine d'être voué à l'enfer. Ravaillac en fait, une nouvelle fois, le serment. Son corps est martyrisé mais son âme est apaisée, il peut se présenter devant Dieu. On fouette les chevaux. Pendant une demi-heure, les bêtes tirent en vain. Plusieurs fois, un greffier vient lui demander de compléter ses déclarations. Ravaillac râle mais persiste : « Il n'y a que moi qui l'ai fait ! Que moi ![1] » Le colosse roux résiste tant que plusieurs personnes s'emparent des cordes, pour tirer avec les chevaux. Une bête étant épuisée, on est contraint de la remplacer au débotté ; un gentilhomme offre complaisamment sa monture. Au bout de deux heures, le bourreau doit entamer les chairs aux jointures avec un couperet. Enfin, une cuisse se détache et Ravaillac meurt. La foule se précipite sur sa dépouille encore fumante, pour la dépecer. Chacun veut sa part de cadavre ! On emporte Ravaillac par morceaux, certains goûtent immédiatement la chair du régicide, tandis que d'autres l'emportent chez eux pour la cuire. Il n'y en aura pas pour tout le monde. Le bourreau, ayant reçu l'ordre de brûler les restes du condamné, ne ramasse que quelques rogatons, qu'il calcine par conscience professionnelle.

Justice est faite. Grâce à Ravaillac, Henri IV assied enfin sa légendaire réputation de bon roi, dont on ne préfère retenir que le meilleur. Les Français, enfin fiers de leur souverain, l'honorent à titre posthume avec un enthousiasme qu'il n'aura jamais connu de son vivant.

Les parents du régicide sont forcés à l'exil, sous peine de mort ; ils se réfugient en Franche-Comté, alors territoire du

1. « Procès criminel fait à Ravaillac », *Crimes et châtiments*, de Philippe Zoummeroff, Pierre Bergé & Associés, 2014.

Saint-Empire romain germanique. Leurs maigres biens sont saisis, la maison de Françoise est détruite ; il est fait interdiction d'utiliser le terrain pour bâtir. Ses frères et sœurs sont contraints à changer de nom, sous peine de mort.

Quatre siècles se sont écoulés. En juin 2010, un curieux mais jovial rassemblement de 110 personnes se forme dans le hameau de Rosnay, sur la commune de Lavigny (Jura). Ils inaugurent un panneau de deux mètres de large, marquant un nouveau chemin de randonnée, baptisé sentier « Ravaillac ». Ses descendants sont fiers de compter un personnage illustre dans leur généalogie. C'est dans la forêt, qui borde le village, que la famille du régicide s'est jadis dissimulée. Au fil du temps, leur nom est devenu « Ravoyard » – dérivé du verbe « ravoyer » qui, en vieux français, signifie « remettre dans le droit chemin ». À chacun sa rédemption.

Chapitre 5

HEINRICH HIMMLER
LE MASQUE DU MAL

« La plupart d'entre vous savent ce que cela signifie
quand cent cadavres sont alignés les uns à côté des autres,
quand il y en a cinq cents ou quand il y en a mille.
Avoir tenu bon face à cela – abstraction faite
de faiblesses humaines exceptionnelles – et être resté
correct pendant ce temps-là, cela nous a rendus durs.
C'est une page glorieuse de notre Histoire,
une page qui n'a jamais été écrite…
et qu'il ne faudra jamais écrire. »

(Discours tenu en secret par Heinrich Himmler
à ses officiers SS, le 4 octobre 1943)

22 mai 1945, 17 h. Un homme falot au visage poupin, avec un bandeau sur l'œil gauche et en uniforme déchiré, est arrêté avec trois autres soldats allemands, près de la frontière danoise, par les hommes du sergent britannique Arthur Britton. Visiblement terrorisé, le fuyard tend avec raideur des papiers étrangement neufs, comme s'ils venaient d'être imprimés. « Heinrich Hitzinger. » Ses petites lunettes rondes cerclées de fer rappellent au sergent un autre Heinrich. La déférence, à grand-peine voilée, que lui témoignent ses

compagnons, suggère que les soldats anglais ont débusqué un gibier plus important qu'il n'y paraît. Britton décide de l'emmener pour vérification au camp de prisonniers de Westertimke, en Basse-Saxe, à 30 kilomètres de là. En cours de route, l'arrestation est validée par le capitaine Sidney Excell, qui donne des ordres précis pour faire vérifier l'intime conviction qui s'impose immédiatement à lui ; Britton et Excell sont parvenus à la même conclusion, partagés entre l'horreur et le soulagement d'avoir intercepté l'abject personnage dont ils soupçonnent la véritable identité. À 18 h 30, il est transféré au camp provisoire de Kolkhagen, à l'ouest du village de Barnstedt, proche de Lüneburg – où sera signée, le 4 mai suivant, la reddition des troupes allemandes au maréchal britannique Montgomery. Parmi les officiers détenus, Karl Kaufmann, nazi de la première heure et gouverneur régional d'Hambourg nommé par Hitler, est chargé par les Alliés d'identifier les nouveaux arrivés, dont le présumé « sergent Hitzinger ». Ce dernier tente alors de se dissimuler derrière un buisson du camp, pour enlever ses lunettes et les ranger dans la poche de sa veste sale. Son geste attire l'attention de Kaufmann, qui le reconnaît aussitôt, malgré sa moustache rasée et la crasse qui plombe ses traits. Il l'a rencontré, à plusieurs reprises, aux côtés du Führer, pour leur demander d'approuver son plan : Kaufmann a été le premier dirigeant nazi à déporter des Juifs allemands, vers le ghetto de Łódź, en Pologne. L'homme qui se trouve devant lui, l'avait alors chaudement félicité pour son initiative.

Démasqué, le prisonnier s'adresse aux officiers britanniques avec morgue. « Ne me touchez pas ! » Il exige de s'entretenir avec le commandant du camp, le capitaine Thomas Selvester : « Il est entré le premier dans mon bureau, petit, l'air malade et la tenue négligée. » Ses deux derniers compagnons lui emboîtent le pas, Werner Grothmann et Heinz

Macher, tous deux adjudants SS : « Contrairement à lui, ils étaient grands et d'allure martiale, l'un mince, l'autre bien charpenté mais qui boitait. J'ai ordonné à un de mes sergents de les placer tous deux sous étroite surveillance et de ne permettre à personne de communiquer avec eux sans mon autorisation. Ils sont sortis de mon bureau, le petit homme est resté, il a enlevé le bandeau de son œil gauche et a chaussé ses lunettes. Son identité étant maintenant évidente, il a décliné son nom d'une voix calme. "Je suis Heinrich Himmler."[1] » Pour confirmer l'information on compare sa signature avec des documents officiels. Un minuscule étui est retrouvé sur Himmler, mais l'ampoule qu'il devrait contenir est manquante. On craint qu'il ait eu le temps de cacher une ampoule de cyanure. Pour le savoir, le commandant du camp lui offre un sandwich et de l'eau, que l'ancien chef suprême de la SS ingurgite sans gêne apparente. Selvester n'est pas entièrement rassuré et donne ses instructions pour que le prisonnier soit pris en charge par un spécialiste.

Le 23 mai, Himmler est transféré dans les quartiers de l'armée britannique, au 31 Uelzener Straße, à Lüneburg. Il est examiné à 22 h 45, par l'officier médical C.J. « Jimmie » Wells, à la demande du colonel Michael Murphy des services secrets de Sa Majesté et du major Norman Whittaker. Le docteur Wells considère avec surprise cet « être déplorable, en chemise grise de l'armée, caleçon long, chaussettes grises, avec une couverture enroulée autour des reins[2] ». Afin de préserver l'intimité du prisonnier, seul le sergent-major Edwin Austin restera dans la pièce avec le docteur. Himmler est prié de se déshabiller. Wells pose son stéthoscope sur le cœur et la poitrine, examine ses oreilles, ses narines, les interstices des

---

1. *Der Dienstkalender Heinrich Himmlers 1941/42*, Christians, Hamburg, 1999.
2. Interview de Paul Van Stemann dans *The Independent*, 21 mai 1995.

orteils et les mains. Par souci de dignité, il est convenu que le médecin n'explore pas le rectum du patient. Wells remarque que les mains d'Himmler sont petites et ses ongles coupés ras. Il observe enfin la bouche, qui recèle plusieurs couronnes en or. Du côté gauche, entre la gencive inférieure et la joue, l'officier croit percevoir un infime reflet bleu foncé, caché par la langue. Il demande à Himmler de se rapprocher de la lumière et reprend l'examen buccal. Avec deux doigts, Wells tente d'effleurer la minuscule saillie pour en définir la nature. Himmler se rejette brusquement vers l'arrière. Il referme la mâchoire, mord au passage le médecin, puis s'écroule sur le sol. Son visage devient violet, grimaçant. Il est secoué de spasmes, les veines du cou gonflées, les yeux exorbités bientôt vitreux. Les fameuses lunettes rondes sont éjectées à plusieurs mètres. Wells sait que le trépas est imminent : « Il y a eu plusieurs longues respirations sifflantes, qui se sont ralenties sur une demi-minute. Pendant une autre minute, le pouls s'est ralenti. La puanteur qui sortait de sa bouche béante était indubitablement celle du cyanure, et il devait en avoir absorbé une dose assez forte pour tuer un éléphant.[1] » Les deux officiers se saisissent d'un pichet et tentent vainement de laver à grande eau la bouche du SS. À 23 h, au moment où il cesse de respirer, le médecin surmonte sa répulsion et essaie le bouche-à-bouche, par pur réflexe professionnel. Rien n'y fait. Colère, mépris et dégoût. Une révolte le submerge de s'être laissé prendre de vitesse par le nazi, qui vient de commettre une ultime lâcheté. « Il faut le réanimer, il doit répondre de ses actes, il ne peut pas s'en tirer comme ça ! » Et pourtant... Heinrich Himmler n'a jamais ressenti le besoin de s'expliquer. Il a toujours estimé avoir été « correct », selon sa propre expression à maintes reprises répétée.

---

1. *Ibid.*

Se montrer correct en toutes circonstances. Quel sens trouver à ce terme, quelle néantisation y discerner ? On imagine l'horreur du décalage, la mise apprêtée au milieu des charniers. Sur les nombreuses images d'archives découvertes après la guerre, on verra le même Himmler visiter les camps de la mort d'un pas mesuré, suivi par son staff de bourreaux, avec un air d'entrepreneur satisfait. Sur les onze millions de Juifs d'Europe recensés par les nazis et destinés par le Troisième Reich à être éliminés, Heinrich Himmler, ordonnateur de la *Solution finale*, en aura livré à la mort près de six millions. En tant qu'instigateur du système concentrationnaire et répressif nazi, il aura été responsable, au total, de plus de dix millions de victimes[1].

Les germes de la haine

Heinrich Luitpold Himmler est le second d'une fratrie de trois garçons. Ses parents, Anna Maria Heyderde et Joseph Gebhard Himmler, sont des bourgeois aisés de Munich. Joseph tient pour vertus cardinales la discipline, l'étude et l'obéissance. Lui-même issu d'un milieu modeste (son père était douanier), il s'est hissé dans l'échelle sociale grâce à un cursus académique irréprochable : boursier brillant, il s'est passionné pour la philosophie, la théologie et la philologie – matières qui fascineront également au plus haut point son rejeton Heinrich. Pour atteindre un maximum d'efficacité dans ses prises de notes, il a appris un système sténographique qu'il enseignera ensuite à ses fils dès leur plus jeune âge. Méticulosité, performance et organisation constitueront les

1. HILBERG (Raul), *La Destruction des Juifs d'Europe*, Gallimard, Paris, 1995 ; PIPER (Franciszek), *Auschwitz. How Many Perished. Jews, Poles, Gypsies*, Frap-Books, 1996 ; RAXHON (Philippe), *Le Catalogue des Territoires de la Mémoire*, 1999.

notions clefs de son éducation. Il s'efforcera aussi de transmettre à sa progéniture ses positions ultraconservatrices, par ailleurs cohérentes avec son approche personnelle de la culture classique – essentiellement réduite à des stéréotypes martiaux dont le symbolisme dévoyé inspirera le futur ministre de l'Intérieur du Reich. Joseph Himmler n'est pas étranger aux convictions qui animeront son fils, instigateur des camps de la mort et exterminateur zélé au service du Troisième Reich. Lui-même a entretenu, dès sa jeunesse, des opinions racistes et antisémites bien déterminées : il est membre d'une fratrie estudiantine, *Burschenschaft Apollo*, explicitement nationaliste et antisémite ; son implication est si forte qu'il sera qualifié de « pilier » de l'association par ses pairs[1]. La devise du *Burschenschaft* est *Honneur, Liberté, Patrie*. Ses couleurs emblématiques sont le noir, le rouge et l'or, en référence aux corps francs (unités paramilitaires et milices), violemment anticommunistes et nationalistes, qui prônent le pangermanisme. À leur origine en 1815, ces groupes n'admettent que très rarement les étudiants juifs ; cinq ans plus tard, cette minime « tolérance » des débuts a disparu[2]. Et à partir de 1920, les *Burschenschaften* n'accepteront même plus aucun membre apparenté ou ami avec des Juifs. Un an avant cette radicalisation, le 19 novembre 1919, Heinrich Himmler suivra les traces de son père, en adhérant à la même association[3]. En dehors de ces caractéristiques politiques, l'*Apollo* suit les mêmes règles que les autres confréries estudiantines : beuveries, duels à l'épée et autres rituels virils visant à rapprocher les adhérents, afin de constituer des réseaux relationnels.

1. HIMMLER (Katrin), *Les Frères Himmler*, Reinharc, Paris, 2012.
2. BERDING (Helmut), *Histoire de l'antisémitisme en Allemagne*, Maison des Sciences de l'Homme, Paris, 1995.
3. ANGRESS (Werner T.) ; SMITH (Bradley F.), « Diaries of Heinrich Himmler early days », *The Journal of Modern History*, The University of Chicago Press, 1959.

En 1888, Joseph Himmler obtient son diplôme d'enseignant. De sensibilité monarchiste, il est précepteur dans des familles d'aristocrates et autres notables, avant de devenir professeur de lycée à Munich, puis à Landshut (sud-est de la Bavière). À 32 ans, il épouse le 22 juillet 1897 Anna Maria Heyderde, fille de commerçants aisés qui apporte une solide dot dans l'escarcelle du ménage. Un an plus tard jour pour jour, naît leur premier fils, Gebhard Ludwig. Le 7 octobre 1900, vient au monde Heinrich Luitpold, puis le 23 décembre 1905, Ernst Hermann, le cadet. La famille vit dans un appartement confortable, une bonne subvient aux tâches domestiques les plus rudes, une gouvernante s'occupe des enfants, le père dispose d'un bureau-bibliothèque où il passe des heures à organiser ses collections de timbres-poste et de monnaies anciennes. Les garçons jouent aux soldats de plomb et au petit train. La mère brode à la veillée. Maniaque jusqu'à l'obsession, le père consigne tout sur tous, classe méticuleusement les carnets de notes des gamins et, plus remarquablement, tient des dossiers « sur leurs camarades et les pères de ces derniers. C'est en fonction de leur profession qu'il décidait quelles fréquentations sociales étaient appropriées et avantageuses pour ses fils[1] ». Cette dernière habitude révèle une paranoïa rampante et un arrivisme manifeste. Tout est soupesé, calculé, enregistré, prévu. Il fait travailler ses fils de manière à obtenir l'excellence de leurs résultats scolaires et ne leur accorde que très peu de temps pour les amis ou les loisirs. La famille part en vacances dans les Alpes, Joseph et ses garçons enfilent leur traditionnelle culotte de peau à bretelles pour aller en randonnée et faire de la barque, tandis qu'Anna Maria confectionne des herbiers dans son coin – toujours très réservée et soumise à son seigneur et maître de mari. Lorsqu'il a le dos

1. HIMMLER (Katrin), *Les Frères Himmler*, *op. cit.*

tourné, elle cajole Heinrich, qui se traîne toujours un peu et ne brille jamais par ses exploits physiques : il est maladroit, chétif, parfois geignard selon les critères familiaux. Ses proches l'accusent de parler trop souvent à tort et à travers. Peut-être pour endiguer ce qu'il considère comme une mauvaise habitude, son père lui demande de tenir un journal où sont répertoriés les événements de chaque journée. Heinrich est incité à s'en tenir aux faits. Joseph lui fournit le modèle, en rédigeant les premiers paragraphes lui-même – bannissant du même coup toute notion d'intimité ou d'expression personnelle. L'enfant obtempère avec facilité. Pas de sentimentalisme, aucune émotion ne ressort de ses écrits. De l'âge de 10 ans jusqu'à la fin de ses jours, Himmler couchera sur le papier ces listes factuelles en forme de journal – ce qui fournira un matériel précieux aux futurs historiens. Ainsi connaît-on de nombreux détails permettant de mieux cerner sa personnalité. Par exemple, dès l'adolescence, Heinrich est un cuisinier frustré, la confection de petits plats étant perçue par son entourage comme une activité trop peu virile ; du coup, il détaille avec soin les meilleurs repas qu'il lui est donné de prendre. Cette manie de l'énumération envahit son discours et ses pensées ; la forme finira par se substituer tragiquement au sens. En grandissant, il rend compte en détails de ce qu'il mange, comme du reste de ses faits et gestes, mais évoque peu et de manière très superficielle les rapports humains ; ainsi, il notera le 25 juin 1920 : « Ai rendu visite à Thilde [vraisemblablement Mathilde, son ancienne nourrice, N.D.A.] et son mari. J'aime être avec des braves gens. Durant ma visite, j'ai mangé : un potage, du filet de veau, de la salade de pommes de terre et de la bière ; puis café et gâteau.[1] » Lorsqu'il sera marié

1. STEINER (John Michael), *Power Politics and Social Change in National Socialist Germany. A Process of Escalation into Mass Destruction*, De Gruyter Mouton, 1976.

et *Reichsführer*, il continuera à débiter ses platitudes alors qu'il organise des massacres, envoyant à sa femme des missives aussi emphatiques que creuses. Cette froideur émotionnelle ne lui permettra jamais d'exploser de rage ou de colère ; il ne tuera pas de sa main, mais ordonnera à d'autres de commettre ses atrocités. Durant son enfance, il ne se révolte pas, obéissant systématiquement à tout ce qu'on lui demande. Jamais il ne fera de crise d'adolescence. Pour le psychanalyste et historien allemand Peter Loewenberg[1], « Himmler n'avait aucune vie qui lui soit propre [...]. Il n'a jamais été un adolescent au sens émotionnel du terme. Il n'est jamais parvenu à l'individuation[2] ou à développer d'autres réactions que celles qu'on lui avait apprises ». Lorsqu'il discute avec d'autres étudiants ou membres de sa famille, sa conversation est jugée plate et pauvre en vocabulaire. Ses camarades lui reprochent de colporter des ragots et de manquer de repartie.

En 1914, la guerre n'affecte que modérément le quotidien privilégié des Himmler, qui ne souffrent d'aucune restriction matérielle ou alimentaire. Néanmoins, les fils suivent avec la plus grande attention les nouvelles du front et laissent libre court à leur fibre pangermaniste. En septembre, Heinrich note dans son journal que les prisonniers russes « se reproduisent comme de la vermine » ; il glose sur la notion d'ennemi intérieur et reprend à son compte les propos antisémites ambiants, de plus en plus virulents. Autour de lui, on parle d'expansion germanique à l'Est, de conquêtes de territoires repris à des « populations primitives », et des « indésirables » qui devraient en être chassés[3]. Son frère aîné

1. LOEWENBERG (Peter), *Decoding the Past: The Psychohistorical Approach*, Transaction, 1985.
2. Selon Carl Gustav Jung : « Processus par lequel un être devient un in-dividu psychologique, c'est-à-dire une unité autonome et indivisible, une totalité. »
3. HIMMLER (Katrin), *Les Frères Himmler*, *op. cit.*

et lui rêvent de jouer les petits soldats pour de bon, mais sont encore trop jeunes. Faute de mieux, ils suivent un entraînement martial, en s'engageant dans un mouvement appelé « la Garde de jeunesse ». Gebhard devra attendre juillet 1915 pour entrer dans l'armée de réserve. Grâce à une dispense d'âge obtenue par son père, Heinrich est incorporé à 17 ans. Il écrit de nombreuses lettres à ses parents, qu'il signe « soldat Heinrich » ; comme d'ordinaire, il y énonce les menus qui lui sont servis, se plaint beaucoup de tout et débite de façon monotone chaque instant de ses journées peu palpitantes. À sa grande déception, les exploits guerriers ne sont pas au programme, il est arrivé trop tard et le conflit est en passe de s'achever. Après six mois de formation, il est envoyé à Bayreuth, dans le nord de la Bavière, où son unité est chargée de garder des ponts. Son affectation ne dure que quelques jours, il ne verra même pas le front... Après l'armistice, il est renvoyé chez lui, à Landshut. L'ambiance chez les Himmler est exécrable, plombée par les désillusions de la défaite et par une perte d'argent conséquente : des économies englouties dans l'emprunt de guerre, une baisse notable du train de vie familial. Sans espoir d'amélioration en vue, car le pire reste à venir. La situation politique atteint le summum du chaos. En Bavière, le contexte de panique et de vacance du pouvoir favorise la radicalisation et pousse les mouvements anarchistes, nationalistes et d'extrême gauche à l'affrontement. Des insurrections ensanglantent Munich. Conseils d'ouvriers et de soldats prennent les armes les uns contre les autres. La révolution éclate ; les corps francs épaulent l'armée régulière pour écraser les syndicalistes et les partisans d'un régime bolchevik en Bavière. On compte plus de 600 morts à Munich entre janvier et mai 1919. Enfin, le 31 juillet, la république de Weimar est constituée. Gustav Bauer, membre du Parti social-démocrate d'Allemagne[1], devient chancelier du Reich et signe le traité de Versailles le 28 juin 1919. L'Allemagne est privée de ses colonies, amputée de plusieurs territoires et condamnée à des réparations financières démesurées[2]. Les restrictions militaires sont vécues comme une humiliation supplémentaire – le service a été aboli, l'armée est réduite à 100 000 hommes. La population allemande est terrassée par le « diktat de Versailles ». Le désordre et la confusion sont exacerbés par la crise économique, puis par l'hyperinflation. Gebhard et Heinrich, frustrés de l'héroïsme guerrier sur lequel ils fantasmaient, fréquentent assidûment les groupes paramilitaires et les cercles inspirés par le mouvement *völkisch*, revigoré par les événements. Ce courant prône, depuis la fin du XIXe siècle, le retour au paganisme et l'hégémonie d'une présumée race teutonique. Le bouc émissaire juif permet de canaliser haine et frustrations par opposition à l'image idéalisée du paysan allemand et de son terroir. Mais l'idéal *völkisch* voit plus loin et prône la colonisation de territoires européens par les Allemands, en vue de créer un nouvel Empire germanique. Occultisme, antisémitisme et romantisme agraire. Tout un programme… auquel Heinrich Himmler, dès lors totalement acquis, ne dérogera plus jamais. Il fait d'ailleurs partie des premiers adhérents de la Ligue d'Artam, fondée en 1923, qui sera intégrée aux jeunesses hitlériennes en octobre 1934, et dont le projet consiste à étendre les frontières du Reich, en commençant par la colonisation agraire germanique vers l'Est. Leur objectif vise au « renouveau des forces de la nation » par « le sang, la terre, le soleil et le glaive », mais aussi grâce à la polygamie permettant théoriquement de dupliquer la « pureté de

1. SPD, parti de gauche fondé en 1875, à ce jour le plus ancien parti politique de l'Allemagne.
2. L'Allemagne ne soldera cette dette de guerre que le 3 octobre 2010.

la race »[1] – une préfiguration directe du programme eugéniste nommé « *Lebensborn* », qu'Himmler mettra en place en décembre 1935.

Fasciné par le salmigondis ésotérique *völkisch*, Heinrich Himmler délaisse l'église où il avait régulièrement coutume d'aller prier avec sa mère, pour se concentrer sur les mythologies nordiques qui formeront le terreau du mysticisme nazi. À 20 ans, il a enfin trouvé de quoi remplir le vide de sa sphère personnelle. Il se voit en chevalier du Reich, l'épée à la main.

Délires bucoliques au pas de l'oie

En 1919, Himmler se retrouve dans les champs, pieds dans la boue, à bêcher et traire les vaches. Poursuivant bille en tête son idéologie colonisatrice, il n'est guère surprenant qu'il décide de faire des études d'agronomie. Il effectue donc un stage dans une ferme près d'Ingolstadt, où s'est installée la famille, son père y étant devenu proviseur. Heinrich s'était imaginé en fier aryen fouaillant le ventre de la terre pour y faire germer un monde nouveau. Le petit homme malingre ne tient pas un mois, malade et accablé par un effort physique auquel il ne sera jamais rompu. De retour au lycée technique de Munich, il se lamente cette fois sur sa charge de travail scolaire, encore échaudé et vexé par son échec sur le terrain. Il réitère pourtant l'expérience fin 1920, mais cette fois, près de la frontière autrichienne, dans une exploitation dont les propriétaires sont des relations de ses parents. Du coup, il a droit à un traitement de faveur et les corvées trop fatigantes lui sont épargnées. Son séjour se transforme en vacances

1. MOSSE (George L.), *Nazi Culture. Intellectual, Cultural and Social Life in the Third Reich*, University of Wisconsin Press, 1966.

idylliques, il croit même tomber amoureux de la fille de la maison. Son béguin reste platonique, il n'ose pas se déclarer. La sexualité est pour lui un problème délicat et les femmes, un impénétrable mystère, qu'il préfère ignorer pendant les cinq années suivantes. Il donne la priorité à son entregent, à ses relations politiques et à l'acquisition d'un épais vernis social. Dans son journal, il explique qu'il cherche à montrer davantage d'assurance et à avoir un « comportement distingué »[1]. Sa notion de l'élégance consiste notamment à s'entraîner au tir, en essayant de garder la tête droite et l'épaule dans l'alignement de son corps.

En 1922, les parents Himmler sont de retour à Munich, où a été promu le patriarche. Le père et le fils se rendent parfois dans les mêmes groupes militants et au *Burschenschaft Apollo* dont ils sont tous deux membres, n'entretenant de brefs moments de complicité que lorsqu'ils partagent les mêmes préoccupations patriotiques. Heinrich se fait toutefois exempter de leurs traditionnelles beuveries ; il ne tient pas l'alcool. Il lui faudra donner le change dans les réunions de brasserie où son futur Führer s'emploiera à haranguer les foules, au milieu des chopes et des vapeurs de tabac. Les relations paternelles permettent à Heinrich de trouver un premier emploi au sortir de l'école, dans une usine d'engrais. Il s'y ennuie beaucoup, pensant de plus en plus souvent à rendosser l'uniforme et à s'engager exclusivement en politique.

Depuis trois ans, il admire la montée en puissance du NSDAP[2] – en abrégé, le parti nazi – et de son orateur fétiche, Adolf Hitler, dont la popularité ne cesse de croître. En 1921, il fait également la connaissance du capitaine Ernst Röhm, qui

1. HIMMLER (Katrin), *Les Frères Himmler*, *op. cit.*
2. Parti national-socialiste des travailleurs allemands – *Nationalsozialistische Deutsche Arbeiterpartei*.

sert en 1919 dans le corps franc du général von Epp[1]. Röhm est membre de l'état-major de la Reichswehr[2] en Bavière, et il vient de fonder la SA (*Sturmabteilung* – littéralement « Section d'assaut ») avec Hitler. C'est le début de ce qui s'approchera le plus, pour Heinrich Himmler, d'une amitié – si on excepte qu'il fera abattre Röhm sans aucune hésitation quelques années plus tard. Toute faculté d'empathie lui est devenue, depuis longtemps, absolument étrangère.

Heinrich Himmler n'est pas un homme ordinaire qui se serait d'un seul coup métamorphosé en monstre pendant la Seconde Guerre mondiale. Il l'était depuis déjà bien longtemps, ayant œuvré depuis son adolescence pour adopter « une apparence correcte », selon ses propres termes. Plutôt un masque, une grotesque caricature d'humanité. En réalité, il a patiemment appris à dissimuler le vide de son esprit et de sa conscience, pour parvenir en toute impunité à la réalisation de ses seuls désirs. De toute son existence, il n'a jamais varié de comportement et n'a pas dévié du seul chemin qu'il ait jamais choisi d'emprunter.

En 1923, Heinrich adhère au parti nazi. Le 2 septembre, il est vivement impressionné par un défilé de 100 000 hommes, issus de différentes formations paramilitaires de droite, menés par le vociférant Hitler. Le 8 novembre, Himmler le suit et participe au putsch de Munich[3] avec Röhm, qu'il garde encore pour modèle pendant cette période : le chef des Chemises brunes[4] est un vétéran de la Première Guerre mondiale, trois fois blessé et mutilé de la moitié du nez, qui ne vit que pour le combat. Une

1. 16 octobre 1868-31 décembre 1948. Fondateur du plus violent corps franc de l'époque, instigateur de nombreux massacres, puis gouverneur de Bavière sous le Troisième Reich.
2. « Force armée du Reich », armée de la république de Weimar, de 1919 à 1935.
3. Hitler tente de s'emparer du pouvoir, suivi de 3 000 militants ; il s'inspire de la marche fasciste de Mussolini sur Rome. Arrêté, il ne fera que huit mois de détention. En prison, il reçoit un traitement de faveur, obtient le droit de porter des vêtements civils, de recevoir qui il veut. À son secrétaire personnel, Rudolf Hess, il dicte *Mein Kampf*.
4. L'uniforme en question sera adopté en 1925.

brute sans état d'âme, dont Himmler admire la détermination sans faille et le caractère impitoyable. Grâce à sa proximité avec Röhm, Himmler réalise un de ses fantasmes et devient soldat par procuration. Le 2 janvier 1928, il se décrira dans son journal comme « un mercenaire endurci par un combat de dix ans » et, dans ses lettres à sa femme, comme « un sauvage » et « un méchant ». En 1924, il devient secrétaire – et orateur itinérant à travers toute la Bavière – du Mouvement national-socialiste pour la liberté, qui remplace le NSDAP provisoirement interdit. Il travaille avec Joseph Goebbels, écrivain raté et futur ministre de la Propagande du Troisième Reich. C'est pour lui une période grisante : il a enfin un emploi qui le motive, et il glorifie inlassablement la « grande cause » qu'il veut servir de son mieux. Il ne se lasse jamais de s'épancher sur le « sacrifice » qui est le sien et sur l'énormité de sa tâche, à savoir la résurrection de sa patrie allemande, « qui se trouve à l'heure actuelle entre la vie et la mort ». La métaphore éculée du médecin au chevet d'un grand malade comble ses pulsions de mégalomane. Il se félicite d'accomplir son nouveau travail « de façon autonome »[1], développe son goût de la bureaucratie, de la classification et de l'organisation, tout en commençant incidemment à prendre ses distances avec le frustre capitaine Röhm. Condamné avec sursis après le putsch manqué, celui-ci partira pour la Bolivie fin juillet 1926, en tant qu'instructeur militaire pour les troupes nationalistes auxquelles il dispense ses conseils meurtriers et ses techniques de tortionnaire[2]. Hitler le rappellera pour reprendre le contrôle

1. HIMMLER (Katrin), *Les Frères Himmler*, *op. cit.*

2. Cet aspect sinistre des liens latino-germaniques s'exprimera clairement après la guerre, avec l'exfiltration de nazis vers la Bolivie, l'Argentine ou le Brésil. Dans *Nazi-Jagd. Südamerikas Diktaturen und die Ahndung von NS-Verbrechen* (Wallstein, 2013), Daniel Stahl, historien allemand, explique qu'un très petit nombre, parmi des centaines de criminels nazis, réfugiés dans les dictatures d'Amérique du Sud, ont été arrêtés et punis. Ainsi, Josef Mengele, médecin SS du camp d'Auschwitz, trouva refuge dans l'Argentine de Juan Perón, avant de finir ses jours, libre, à São Paulo.

de la SA avant 1930. À force d'intimidations et de coups de main, cette « armée brune » jouera un rôle non négligeable dans les élections qui se succèderont en Allemagne et porteront finalement Adolf Hitler au pouvoir. Depuis son incarcération, ce dernier est passé, pour Heinrich Himmler, du rang de héros populaire à celui de demi-dieu. Dans son journal, il écrit en 1924 qu'Hitler est « un homme vrai et pur. Ses discours sont des morceaux magnifiques de germanité et d'aryanité ». Son messie est libéré le 20 décembre 1924. En avril 1925, Hitler crée la SS, qui constitue à l'origine sa garde rapprochée. Heinrich Himmler saisit dès qu'il peut l'opportunité d'être intégré à cette nouvelle organisation ; en 1926, il est *Gau-SS-Führer* (chef de district) en Haute-Bavière. Un an plus tard, il devient l'adjoint d'Erhard Heiden, troisième chef de la SS – qu'Himmler décidera, pour des motifs obscurs, de faire assassiner courant avril 1933.

Quelques mois plus tôt, Heinrich a rencontré Margarete Siegroth, solide blonde aux yeux bleus, durant un voyage de propagande près de Salzbourg. Son archétype de femme aryenne est infirmière et partage ses idéaux, convaincue que le complot juif et les francs-maçons sapent la société allemande. Elle s'intéresse à l'herboristerie et écoute béatement les longs monologues d'Heinrich sur les vertus du retour à la terre. Son antisémitisme fait écho à une sorte de détestation générale du monde et de phobie sociale. Marga répugne à tout contact amical ou mondain. Contrairement à Heinrich, elle n'a pas réussi à surmonter ou occulter cette aversion. Il trouvera dans cette faiblesse un réconfort pervers lui permettant de se poser en mâle dominant. Heinrich est vite convaincu qu'elle sera une épouse parfaite. Pourtant, il attendra plusieurs mois avant de la présenter à ses parents, et deux ans pour leur annoncer son intention de l'épouser. Marga a sept ans de plus que lui mais surtout, c'est une divorcée : autant dire une réprouvée aux yeux des Himmler. Le 3 juillet 1928, aucun membre de la famille n'assiste à leur mariage. Pas de refus péremptoire, chacun a inventé de fallacieuses excuses. Comme d'habitude, les Himmler sauvent les apparences. Grâce à la dot de Marga, Heinrich acquiert une maison dans la campagne munichoise et investit dans un élevage de poules. Il s'obstine dans sa fantasmagorie agraire et s'occupe de ses poulaillers à ses moments perdus, qui s'avèrent de plus en plus rares à mesure que s'accroissent ses responsabilités dans la SS. Les poules et Marga sont vite reléguées au second plan.

Le fidèle Heinrich

Le 6 janvier 1929, Hitler nomme un nouveau *Reichsführer* : Heinrich Himmler a gravi les échelons qui l'ont mené vers son idole, son maître à penser, sa divinité incarnée. La décision du leader nazi ne manque pas d'en décontenancer bon nombre, Himmler ne possédant aucun charisme. À cette date, un collègue fonctionnaire nazi le décrit comme maladroit et emprunté, un chef improbable dont le discours est « un mélange étonnant de grandiloquence martiale, de réflexions de comptoir et de prophéties enflammées dignes d'un prédicateur de secte[1] ». Pourtant, les proches d'Hitler savent à quel point Himmler est apprécié du Führer et ils le surnomment même, avec une bonne dose de mépris, « le Fidèle Heinrich ». Mais Himmler, qui deviendra également préfet de police de Munich en 1933, les surprend par son influence et son pouvoir exponentiels : fin 1930, il est parvenu à faire passer les effectifs de la SS de 280 membres au moment de sa nomination, à environ 3 000 en quelques mois. Sa nouvelle vie de

1. LONGERICH (Peter), *Himmler*, Sidler, München, 2008.

famille, marquée par la naissance d'une fille, Gudrun, le 8 août 1929, ne le détourne pas de ses activités politiques. Début 1931, il rencontre celui qui deviendra son homme de confiance et l'exécuteur de ses basses œuvres, Reinhard Heydrich, futur responsable de la Gestapo à partir du 20 avril 1934, et chef des *Einsatzgruppen* (« groupes d'intervention ») chargés de l'élimination des ennemis désignés par le Troisième Reich. Soucieux de se rendre indispensable aux yeux d'Hitler et de concrétiser tous les aspects de son dogme nazi, Himmler focalise toute son énergie sur les théories raciales. Il constitue ainsi une troupe de gardes du corps d'élite pour Hitler, dont tous les hommes doivent mesurer plus de 1 mètre 80, être blonds et athlétiques avec les yeux bleus. Il veille tout particulièrement à la tenue vestimentaire de ses troupes – en 1933, il fera dessiner et confectionner les uniformes des SS par le couturier Hugo Boss. Toujours le même souci des apparences… et de l'ordre. Himmler maintient une discipline extrême dans ses rangs, cherchant ainsi à se distinguer radicalement des SA, réputés inorganisés et difficilement contrôlables. À l'extérieur comme à l'intérieur, Himmler verrouille le système de manière à en devenir un rouage essentiel. Il tisse peu à peu un réseau d'informateurs et d'espions qui font trembler tous les chefs nazis ; Goebbels, qui le connaît depuis la prise de ses premières fonctions dans le parti nazi, lui voue une haine grandissante et réciproque : « Himmler me hait. […] Cette bête à cornes sournoise doit disparaître. Même Goering est d'accord avec moi.[1] » Himmler s'en moque éperdument. Cette aversion est le cadet de ses soucis. Dans le sillage d'Hitler, il déploie son ombre, fort d'une assurance qu'il n'avait jamais ressentie auparavant et qui conforte ses plus délirantes croyances. Début 1932, Himmler étend son emprise sur la

1. GOEBBELS (Joseph), *Journal. 1923-1933*, Tallandier, Paris, 2006.

vie privée de ses SS. Il veut les contrôler corps et âmes. À commencer par leur sexualité. Les femmes des SS doivent présenter un arbre généalogique dépourvu de toute ascendance juive. Les prétendantes doivent se prêter à un examen médical, celles qui présentent des problèmes de fertilité ou autres anomalies physiologiques et gynécologiques, sont rejetées. Chaque couple SS doit jurer de vouloir au moins un enfant. Dans cette perspective, les femmes trop âgées sont écartées. Himmler s'arroge aussi le droit de refuser des mariages selon ses critères personnels : une femme trop grosse, trop coquette, avec un caractère trop affirmé ou mal épilée peut être exclue. Certains des officiers, s'étant rendu coupables d'un mauvais choix en demandant à épouser une femme jugée incorrecte par le *Reichsführer*, seront sanctionnés : durant la guerre, Himmler les enverra respirer « l'air sain du front, pour refroidir [leurs] ardeurs amoureuses » et leur donner une leçon de perspicacité[1]. Le célibat est vivement critiqué. Himmler veut être le créateur de ce qu'il appelle la « race des seigneurs ».

Le 30 janvier 1933, Hitler devient chancelier. Le 20 mars, il proclame l'avènement du Troisième Reich qui, selon ses prévisions, devrait durer mille ans. Le lendemain, Himmler annonce l'ouverture du camp de concentration de Dachau. Il envoie à ses parents enchantés de la réussite de leur fils une petite carte portant la signature de son chef bien-aimé, sachant que cet autographe les comblera de joie.

Arrestations, tortures et exécutions sont déjà méthodiquement organisées depuis plusieurs mois. Himmler compte bien liquider tous ceux qu'il considère comme les ennemis du Reich – qu'il s'agisse de populations, de communautés ou d'individus. Son obsession s'applique également aux cercles

1. LONGERICH (Peter), *Himmler*, *op. cit.*

du pouvoir dans lesquels gravitent de potentiels rivaux ou traîtres à Hitler. Sur ordre du Führer, qui soupçonne un projet de Röhm pour lui disputer le pouvoir, Himmler fait assassiner une centaine de chefs SA – dont son ancien mentor – au cours de la Nuit des Longs Couteaux, le 30 juin 1934. La pseudo-tentative de putsch de Röhm aurait été montée de toutes pièces par Heydrich, l'âme damnée d'Himmler, pour libérer son chef de la tutelle hiérarchique des SA auxquels les SS restaient liés, et convaincre Hitler de l'impérative nécessité d'agir. Une fois Röhm exécuté, le pouvoir d'Hitler est renforcé. Il dissout la fonction présidentielle et oblige l'armée et les fonctionnaires à lui prêter personnellement serment, sous son nouveau titre de Führer – « Guide » – de la nation et du peuple allemand.

Après cette nuit d'épuration, Heinrich Himmler est l'un des hommes les plus craints et les plus puissants d'Allemagne. Il hisse ses deux frères à des postes professionnels de premier plan, se déplace en avion personnel, offre de luxueuses vacances à ses parents. Il a l'impression de posséder un pouvoir de vie et de mort sans limites. Il s'entoure d'hommes dont la folie est plus prééminente que la sienne, parce qu'ils sont susceptibles de servir ses desseins, justifier ses propres délires et qu'il peut aisément les contrôler. Le premier d'entre tous, Reinhard Heydrich, est surnommé « l'Assassin d'Himmler » par Wilhelm Frick, premier ministre de l'Intérieur du Troisième Reich. C'est un farouche adversaire de l'Église catholique et un génocidaire sans remords, qui sera le principal exécutant de la Shoah. Il partage un grand nombre de points communs avec son chef – dont la particularité d'arborer une apparence socialement conventionnelle, comme le soulignera plus tard Walter Schellenberg, espion de la Gestapo : « Cela [les massacres qu'il commettait, N.D.A.] ne l'empêchait pas, comme son supérieur, le *Reichsführer* SS

Himmler, d'accorder beaucoup d'importance à l'image de la vie de famille, et de jouer les tendres époux et les bons pères de famille.[1] » L'image en question n'est plus qu'un ancrage lointain dans la réalité, qui n'a aucune substance et encore moins de sens. Pour autant, Himmler n'est pas déconnecté des massacres qu'il ordonne. Il se rend fréquemment dans les camps de la mort, examine les corps, réfléchit aux méthodes d'élimination les plus expéditives. Contrairement à Hitler, il ne rechigne pas à se pencher sur les cadavres. Il assiste à des exécutions. Dans certains films de propagande, on le voit parler à des prisonniers dont le destin est déjà scellé. Impossible de comprendre vraiment les motifs qui l'animent et les rouages pervers qui sont alors mis en branle. Himmler ne peut vraisemblablement soutenir cette dualité que grâce au support institutionnel et mystique qu'il a imaginé : il tente de justifier les morts qu'il planifie, en s'enfonçant toujours plus loin dans ses délires aryens et paganistes. En 1933, il finance l'archéologue et écrivain Otto Rahn pour trouver le Saint-Graal. En septembre de la même année, il rencontre Karl Wiligut, ésotériste et charlatan, qui sera surnommé « le Raspoutine d'Himmler ». Wiligut a passé plusieurs années en hôpital psychiatrique pour schizophrénie ; il se proclame mage et initié aryen, ayant rapidement compris l'enthousiasme qu'il suscitait chez certains nazis – et l'intérêt qu'il pouvait en tirer. Les valeurs pseudo-germaniques archaïques deviennent son fonds de commerce. Il concocte des rituels et cérémonies nazies destinés à remplacer la liturgie chrétienne ; c'est encore lui qui dessine le *Totenkopfring*, « l'anneau à tête de mort », qui sera offert par Himmler à ses dirigeants SS les plus méritants. Il est nommé colonel SS et chargé de recherches sur la

1. KNOPP (Guido), *Les SS. Un avertissement de l'histoire*, Presses de la Cité, Paris, 2006.

préhistoire des peuples germaniques. Lors de leurs entrevues, le maître de la SS lui ferait ingurgiter de la drogue, pour accéder à de pseudo-souvenirs de vies antérieures et à une tradition ésotérique orale oubliée.

Le 1er juillet 1935, Himmler fonde la *Ahnenerbe Forschungs und Lehrgemeinschaft* – « Société pour la recherche et l'enseignement sur l'héritage ancestral » – avec le préhistorien nazi Herman Wirth (féru de recherches sur l'Atlantide) et le général SS Richard Darré (partisan de l'esclavage et de l'extermination des races non-germaniques). L'*Ahnenerbe* fournira le prétexte pour les expérimentations médicales dans les camps de concentration. Cette structure donnera également à Himmler l'opportunité de recruter des universitaires, en finançant leurs recherches, pour étendre et consolider sa sphère d'influence dans les milieux intellectuels et de l'éducation. Heinrich Himmler utilise l'expédient scientiste pour mieux assumer sa plongée dans l'irrationnel et le crime. Le temps compte aussi ; il espère imposer un nouveau calendrier, rythmé par des fêtes et cérémonies païennes : la commémoration de héros nazis, les solstices d'été et d'hiver revus à la mode aryenne, une fête des ancêtres germaniques, etc. Les mariages, naissances et funérailles, célébrés sur fond de croix gammée, seraient bénis par des dirigeants SS sous le portrait d'Hitler. Cependant, au fil des mois et des années, en dépit de son obsession et de l'organisation qu'il fomente, Himmler se heurte à une dure réalité : le Führer n'est pas d'accord. Comment honorer une divinité qui se refuse ? Hitler juge que le mysticisme aryen d'Himmler est « kitsch ». Pourtant il lui passe ses caprices, pourvu qu'il aille dans le sens d'une « régénération » de l'Allemagne, en servant sa politique. Le 15 septembre 1935, sont promulguées les lois antijuives de Nuremberg destinées à institutionnaliser les théories raciales, à priver les Juifs allemands de la citoyenneté et finalement, de tous leurs droits. Le 17 juin 1936, Himmler devient officiellement chef de la police allemande au ministère de l'Intérieur du Reich. Il sait qu'un conflit se prépare et que son rôle s'étendra à de nouveaux territoires. Son sentiment de toute-puissance et sa malfaisance ne cessent d'enfler. Le 9 novembre 1938, ses troupes mènent le pogrom de la Nuit de Cristal. Le 19 août 1939, Hitler ordonne qu'un régiment de SS soit intégré dans chacune de ses armées. Après le 1er septembre et l'invasion de la Pologne, Himmler devient chef suprême de la SS et de la police, chargé de la « lutte ethnique ».

Fin de nuit

« Cette histoire avec les Juifs ! Quand cette bande va-t-elle nous abandonner pour qu'on puisse profiter de la vie ?[1] » demande Marga à son époux, dans une lettre qu'elle lui adresse juste après la Nuit de Cristal, qui causa la mort de plus de 2 000 personnes et la déportation de 30 000 victimes. Les lamentations de sa femme agacent Himmler. Le couple ne passe plus que de rares moments ensemble, partageant un ennui profond. Leur seule activité commune consiste à remplir des grilles de mots croisés. Ces tête-à-tête accroissent les douleurs d'estomac qui tenaillent quotidiennement le *Reichsführer*. De toute façon, Himmler vient de prendre sa secrétaire pour maîtresse : Hedwig Potthast est plus jolie, plus jeune, plus sociable et davantage appréciée des notables SS. Elle lui donnera deux enfants. Himmler prône la polygamie pour les SS, certain de leur supériorité raciale. Sans le moindre doute non plus quant au sort qu'il réserve aux Juifs, comme

1. HIMMLER (Katrin) ; WILDT (Michael), *Heinrich Himmler d'après sa correspondance avec sa femme. 1927-1945*, Plon, Paris, 2014.

il l'écrit dès le début de la guerre : « Le peuple juif sera éradiqué.[1] » Un peu plus tard, début octobre 1943, il s'exprime pendant plusieurs heures devant une assemblée de dignitaires nazis, dans la ville polonaise de Poznań : « La question suivante nous a été posée : que fait-on des femmes et des enfants ? Je me suis décidé et j'ai là aussi trouvé une solution évidente. Je ne me sentais en effet pas le droit de tuer les hommes et de laisser grandir leurs enfants, qui se vengeraient sur nos enfants et nos descendants. Il a fallu prendre la grave décision de faire disparaître ce peuple de la terre. [...] Nous aurons réglé la question juive dans les pays que nous occupons d'ici à la fin de l'année.[2] »

À la fin de l'année 1944, contre toutes ses prévisions et ses attentes, Himmler réalise que la guerre est perdue. Début 1945, il tombe malade et part se faire soigner dans un sanatorium. En secret, il essaie de négocier l'après-guerre. En mars, il se réfugie chez son masseur finlandais, Felix Kersten, dont il est le patient depuis 1939. En 1960, l'écrivain Joseph Kessel racontera l'extraordinaire histoire de cet homme courageux, dans son livre *Les Mains du miracle* : on découvrira que Kersten a profité de l'influence apaisante de ses mains sur le *Reichsführer*, pour obtenir la libération de prisonniers. En 1945, il arrache à Himmler une dernière promesse : celle de ne pas faire sauter les camps avec les prisonniers, comme Hitler l'a exigé. Kersten sauve plusieurs milliers de juifs. Pour la première fois, Himmler, pris de panique, désobéit à son Führer. Ce dernier apprend sa trahison et le déchoit de ses fonctions quelques jours avant de se suicider, le 30 avril 1945. Son dieu est mort, son dieu l'a renié. Hitler mort, Heinrich Himmler fait quelques pathétiques et vaines tentatives pour

1. *Ibid.*
2. PETERSON (Agnès F.) ; SMITH (Bradley F.), *Heinrich Himmler Geheimreden 1933 bis 1945*, Propyläen, 1974.

rallier l'éphémère gouvernement nazi en passe de se former pendant quelques jours. Sa fuite vers l'étranger, improvisée début mai, est vouée à l'échec. Un petit homme pitoyable bat la campagne.

23 mai 1945, 23 h. Le sergent-major Edwin Austin ramasse les lunettes rondes en acier d'Heinrich Himmler. Elles seront ajustées un peu plus tard sur le nez du cadavre, dont la photographie sera publiée par les journaux du monde entier. Le corps est revêtu de vêtements militaires. Un officier médical s'applique à réaliser le masque mortuaire, qui sera conservé en Angleterre au musée militaire d'Aldershot (Hampshire). La dépouille reste sur place jusqu'au lendemain. Une fois l'autopsie pratiquée, les restes sont enveloppés dans des couvertures et attachés avec du fil téléphonique. Le major Norman Whittaker et le sergent-major Edwin Austin reçoivent l'ordre d'aller enterrer le corps en un lieu isolé, qui devra rester inconnu.

Chapitre 6

DAVID KORESH
LE REJETON DE L'APOCALYPSE

« Je sais ce que veulent les gens. C'est comme ça. Je connais les gens, et je me connais moi-même. Leurs parents leur ont enseigné ce qu'ils pouvaient, et ils se sont rebellés contre eux – parce que les enfants sont toujours différents de leurs parents. Certains prennent de la drogue, d'autres font la fête ou s'adonnent au sport. Et puis un jour, ils se tournent vers la religion. D'un seul coup, ils entendent, ils comprennent. Et moi je suis là, pour leur faire comprendre la grandeur de Dieu. J'en sais plus sur la nature humaine que n'importe quel érudit n'en apprendra en toute une vie.[1] »

(Vernon Wayne Howell, dit « Vernie », dit David Koresh)

Il a le même âge que Jésus au moment de sa mort, dit-on : 33 ans. David Koresh est le chef des davidiens du lieu-dit Mount Carmel, au Texas – mais contrairement au Christ, il n'est vraiment pas du genre à « tendre l'autre joue », car la

---

1. KING (Martin) ; BREAULT (Marc), *Preacher of Death. The Shocking Inside Story of David Koresh and the Waco Siege*, BCA, 1993.

notion de pardon ou de compassion lui sont étrangères. Imbu de sa personne, paranoïaque, charismatique, violent, manipulateur. La personnalité du gourou texan est un cocktail détonnant, qui depuis longtemps ne demande qu'à exploser.

Au matin du dimanche 28 février 1993, sa communauté, installée dans une ferme fortifiée à douze kilomètres de la ville de Waco, se prépare à être assaillie par les agents fédéraux de l'ATF[1]. Les locaux sont vastes, comprenant des dortoirs à l'étage, des salles communes et une cuisine au rez-de-chaussée, ainsi qu'une chapelle, une tour de guet, des entrepôts, deux bunkers souterrains, un réseau de tunnels, un stand de tir. Et des armes à feu, en grande quantité : 136 fusils d'assaut et armes de poing, au moins 700 chargeurs, plus de 200 000 munitions diverses, des lance-roquettes, des grenades à main, plus de 400 grenades inertes, de la poudre et des composants chimiques pour la fabrication d'explosifs[2]. L'inventaire de cet arsenal a été établi par les hommes de l'ATF à l'issue d'une enquête commencée en juin 1992. Une série de plaintes, émanant du voisinage et décrivant des déflagrations quotidiennes, a d'abord alerté les autorités ; il s'avère que les davidiens utilisent des armes semi-automatiques, mais également automatiques (pour des tirs en rafale), dont la possession est illégale au Texas. Début 1993, la surveillance s'est intensifiée et Robert Rodriguez, un agent de l'ATF, est parvenu à infiltrer le groupe. Au bout d'un mois et demi, David Koresh lui a dévoilé une partie de son arsenal, à commencer

1. *Bureau of Alcohol, Tobacco, Firearms and Explosives* : service fédéral américain chargé de lutter contre le trafic et de faire respecter la loi sur les armes, les explosifs, le tabac et l'alcool. Son origine remonte à 1886. L'incorruptible Eliot Ness a travaillé pour ce service à la fin des années 1920. L'agence, connue sous l'acronyme ATF, a été créée en 1968.
2. Archives gouvernementales de l'ATF en ligne : http://www.atf.gov

par des fusils AR-15[1]. Le 25 février 1993, l'ATF a réuni ses effectifs pour répéter les derniers détails de l'opération destinée à perquisitionner les locaux et arrêter le leader de la secte.

Au matin du dimanche 28 février 1993, la communauté se prépare au combat. La mission de l'ATF s'est ébruitée : les davidiens ont été alertés par la publication d'articles mettant en cause leur leader, dans le *Waco Tribune-Herald* ; plus directement, David Koresh a été averti par des parents et amis d'adeptes ayant glané des informations auprès du bureau du shérif de Waco, ou qui ont repéré des agents de l'ATF. Dans une si petite ville, tout le monde connaît tout le monde et les langues se délient vite. Le grand moment est proche ! D'ailleurs, Koresh l'a vu dans le ciel vespéral. Il a discerné un astre en forme de guitare. « Un clin d'œil de Dieu à mon intention ! » a-t-il confié à des ouailles. C'est évident, puisque le leader des davidiens joue, depuis son adolescence, de cet instrument. Contrairement à ses aspirations, il n'est pas devenu une rock star. Dommage. Le Tout-Puissant lui réserve une autre destinée. Qu'à cela ne tienne : il se contentera d'être prophète et martyr.

Dressage à la texane

Le chemin a été long pour parvenir jusqu'à Mount Carmel. Et particulièrement tortueux, dès le début. Vernon Wayne

1. Très populaire aux États-Unis et de plus en plus en Europe, l'AR-15 peut tirer jusqu'à 45 coups par minute. Il s'achète en ligne pour environ 1 500 euros. De nombreux accessoires peuvent être ajoutés : pointeur laser, lunette, visée nocturne, baïonnette, lampe de poche… y compris décapsuleur ! Des crosses roses et à motifs sont disponibles pour les plus jeunes utilisateurs. Il a d'ailleurs été utilisé, ces dernières années, dans les tueries de l'école Sandy Hook à Newtown, d'Aurora à Portland, ou encore de Santa Monica. C'est également une arme repérable dans de nombreux jeux vidéo.

Howell est né le 17 août 1959 à Houston, au Texas. La NASA vient de s'y installer et la ville est surnommée « *Space City* », mais Bonnie Sue Clark, mère célibataire à 14 ans, ne s'attarde guère pour admirer les étoiles. Le père de son bébé, un charpentier de 20 ans nommé Bobby Howell, ne tarde pas à prendre la tangente pour lutiner une autre adolescente. Délaissée et dépressive, Bonnie confie son petit « Vernie » à la sœur aînée de sa propre mère. Pendant les cinq premières années de son existence, l'enfant est persuadé que sa tante est sa véritable génitrice. D'un choc émotionnel à l'autre, il découvre la véritable identité de sa mère au moment où elle le récupère, entre l'âge de 5 et 7 ans. Bonnie épouse alors un ancien matelot de la marine marchande, Roy Haldeman. Le couple décide d'aller s'installer dans une ferme à proximité de Dallas. Vernon y est élevé à la dure ; son beau-père, ombrageux et fruste, le corrige avec un fouet ou avec son ceinturon à la moindre incartade. En 1966, à la naissance de son demi-frère, George, la situation s'aggrave : Vernon, déjà soumis à la violence paternelle, est négligé par sa mère. Il devient aussi le souffre-douleur de ses camarades d'école. Profondément perturbé, il s'exprime peu et mal, ayant notamment les plus grandes difficultés à apprendre l'alphabet. Personne ne s'en soucie, excepté pour le marginaliser. Il est considéré comme déficient sur le plan intellectuel et placé dans une classe « spécialisée ». Les autres gamins de l'établissement, qui suivent un cursus normal, se moquent cruellement de ceux qu'ils appellent les « débiles », et se déchaînent tout particulièrement sur Vernon, affligé de lunettes à verres épais et manifestement vulnérable. Une fois adulte et devenu David Koresh, il affirmera même à ses proches avoir été violé par des plus grands, alors qu'il avait moins d'une dizaine d'années. Il trouve pourtant le moyen de s'extirper de cet enfer, vers l'âge de 12 ans. Il a grandi, s'est endurci et, par chance, sa condition physique est excellente. À l'occasion d'une course à pied, il épate ses professeurs et les autres élèves, en franchissant le premier la ligne d'arrivée. Pour la première fois de sa vie, on le félicite. Mieux : on l'applaudit et on l'admire. La montée d'adrénaline est puissante autant qu'inoubliable. Du coup, Vernon devient un obsessionnel de la performance physique – et le restera jusqu'à son dernier souffle. Il se met au body-building, au football, à l'athlétisme. Son corps relève tous les défis. Vernon se sent puissant. Une machine indestructible. Pour lui, l'essentiel n'est pas de participer mais de gagner. Sa personnalité s'affirme tandis que sa musculature se développe. Ce qui tombe à pic, au moment de la puberté. L'orgueil occultant alors complexes et traumatismes, il profite de sa popularité toute neuve pour exercer ses talents d'apprenti don Juan. Il séduit les filles à l'école, mais encore plus souvent à l'église baptiste, que fréquente assidûment sa mère Bonnie, et où lui-même s'est plus d'une fois réfugié lorsque son environnement devenait trop hostile. Là, il bénéficie d'un public captif, attentif et facile à subjuguer. Le « retardé » se plonge dans la Bible, dont il a déjà commencé à mémoriser de nombreux passages, sous l'influence maternelle, quelques années auparavant. Parallèlement, il abandonne ses études et subvient à ses besoins en effectuant divers petits boulots qu'il ne garde jamais très longtemps ; insolent et indiscipliné, il se fait invariablement renvoyer par ses patrons excédés.

À la fin des années 1970, une de ses conquêtes de 15 ans donne le jour à une petite fille, que Vernon ne connaîtra jamais : la jeune mère déménage dans un autre État avec son bébé, redoutant le caractère instable et l'irresponsabilité chronique de son séducteur. Cette dérobade, et sa propre impuissance à l'empêcher, rend Vernon fou de rage. Il brandit sa Bible et assène ses « vérités » à qui veut les entendre. Au Texas, on est complaisant avec les prêcheurs et avec les têtes brûlées. C'est enraciné dans l'histoire et les coutumes locales : on aime faire parler les Évangiles et la poudre ! Vernon Howell ne manque pas de s'engouffrer dans cette voie avec détermination. Pour faire bonne mesure, il rejoint l'Église baptiste sudiste sous la houlette du pasteur Billy Harris. Le brave homme tente de modérer les ardeurs du garçon, aussi frénétique sur le plan religieux… que sexuel. Le drôle de paroissien ne peut s'empêcher de confesser au révérend les obsessions masturbatoires qui le tenaillent plusieurs fois par jour. Il raconte par le menu ses fantasmes et s'épanche sur la fréquence de ses besoins. Harris, déconcerté et passablement écœuré, ne sait guère quoi lui recommander ni comment canaliser cette encombrante ferveur ! De son côté, Vernon est déçu par un culte qu'il juge décidément trop timoré. Il veut dialoguer avec Dieu, communiquer avec le Christ, sentir le souffle du Saint-Esprit pénétrer en lui, dans son âme et dans sa chair ! En 1979, Vernon devient un *born-again Christian*[1], se tourne vers le fondamentalisme et choisit de rallier l'Église adventiste du septième jour, où il est baptisé. Il est séduit par cette doctrine – du moins, par certains points qu'il choisit d'adapter selon son ressenti. Ainsi, la seule vraie connaissance nécessaire à un homme désireux d'œuvrer pour son salut – et pour celui d'autrui – est celle de la Bible ; celui qui se repent, quoi qu'il ait fait auparavant, sera sauvé ; l'adventisme annonce et attend le retour du Christ ; l'âme n'est pas immortelle, mais les croyants seront ressuscités et sauvés lors du Jugement dernier, tandis que les autres seront voués à la destruction et au néant.

En s'appuyant sur ces convictions, Vernon peut aisément donner un sens à l'ensemble de ses actes. Il est particulièrement excité par le caractère prophétique, qui lui offrira toute

1. Expression désignant un individu, qui affirme avoir vécu une « régénération spirituelle », après s'être réconcilié avec Dieu, dans le christianisme évangélique, mouvement très influent et populaire aux États-Unis.

latitude d'interprétation et de persuasion. Vernon le prend comme un blanc-seing pour justifier et réaliser ses désirs personnels. Le plus immédiat concerne la fille du pasteur : un joli brin d'adolescente qu'il voit surgir des nuages, nimbée de lumière, au beau milieu de ses rêves humides. Il prétend avoir entendu une voix grave et solennelle lui ordonner de la prendre pour épouse. « C'est Dieu qui veut me la donner ! » clame-t-il avec aplomb. Cette évidence ne saute pas aux yeux de tout le monde. Le père de la demoiselle n'est pas d'accord avec les visions de Vernon. Il entre dans une fureur noire lorsque le singulier prétendant lui explique que sa fille a été enceinte de ses œuvres à deux reprises, mais qu'aucune grossesse n'a été possible à cause des jeans trop serrés, que ses parents ont la négligence de lui laisser porter ! Vernon Wayne Howell repousse tant les limites de la provocation que le révérend en reste pantois. En 1981, l'impudent est renvoyé de sa congrégation. Il n'en a cure, persuadé de valoir bien mieux que ces hommes – et femmes – de peu de foi. « La vérité est ailleurs, c'est bien connu. » Mais où ?

Guerre des gourous en Terre promise

Dans les cercles religieux fréquentés par Vernon, Waco est un nom qui revient régulièrement. Cette ville, située à deux heures de route de Dallas et surnommée « la Jérusalem du Brazos » (Brazos étant le fleuve local), abrite quarante-sept églises ainsi qu'une université baptiste (l'université Baylor). Pour Vernon et consorts, elle fait figure de centre spirituel. Pour les autres Texans, elle symbolise la fin d'une ère de liberté, où se côtoyaient le pire comme le meilleur, et dont les outlaws (« hors-la-loi ») étaient les antihéros : Bonnie et Clyde auraient ainsi pris leur dernier repas à Waco, avant d'être criblés de balles par les autorités. Pour Vernon Howell, cette région prend bientôt la dimension d'une Terre promise. En 1982, il part intégrer la secte des Davidiens, mouvement dissident du culte adventiste.

La communauté a été fondée en 1934 par Victor Houteff, prêcheur d'origine bulgare, ancien représentant de commerce, puis fabricant de bonbons venu de Los Angeles. Houteff répand des prophéties apocalyptiques imaginées à partir du Livre de la révélation[1], annonce le retour du Christ dans un chariot de feu, et prédit une guerre mondiale contre les forces sataniques. Vaste programme ! Le fondateur des Davidiens prévoit la fin du monde pour le 22 avril 1959. Il meurt quatre ans avant, laissant à son épouse Florence le soin de gérer l'Armageddon. Plus d'un millier d'adeptes viendront, au jour dit, à Mount Carmel, pour y attendre le moment fatidique. Mais rien ne se produit. Pas de pluie d'étoiles, de spirale infernale, de tourbillons de feu ! Pas la moindre manifestation diabolique – excepté un misérable bouc venu mastiquer les bégonias de la communauté. Aucun messie en vue, non plus… La veuve Houteff, aussi désappointée que ses ouailles devant cette insupportable quiétude, laisse à contrecœur la communauté frustrée entre les mains d'un autre prédicateur : Benjamin Roden, qui n'a alors que 20 ans, mais la langue suffisamment bien pendue pour devenir le nouveau prophète. Il déclare que la fin du monde a été retardée, mais que les modalités du Jugement dernier ont été fixées le 20 octobre 1955. À cette même date, il aurait été nommé successeur du roi David par les puissances supérieures. Tout s'explique donc… Les membres de la secte, rassérénés, le suivent jusqu'à son dernier souffle, à l'âge vénérable de 76 ans. Sa veuve, 73 ans, reprendra à son tour le flambeau sectaire.

1. Dernier livre du Nouveau Testament.

Lois Roden est une femme autoritaire, qui règne sur son troupeau en berger irascible. Depuis l'époque du fondateur Houteff, les Davidiens de Mount Carmel ne sont plus qu'une petite centaine ; elle tente de recruter de nouveaux membres, épaulée par ses six enfants et surtout, par son fils aîné, George. Lois commet une erreur fatale en accordant à ce dernier des responsabilités croissantes, car il devient rapidement incontrôlable, développant une ambition dévorante qui le conduit à s'opposer violemment à sa mère, pour lui ravir le leadership de la communauté. Les relations entre la prédicatrice et son rejeton sont déjà très tendues, lorsque Vernon Howell arrive à Mount Carmel. Les deux hommes, à peu près du même âge, se détestent au premier regard – aussi paranoïaques et mégalomanes l'un que l'autre. La haine s'installe entre eux, lorsque le nouveau venu d'une vingtaine d'années se met en tête de séduire la matriarche…

La soif de pouvoir fait oublier les rides, la bouche édentée, les chairs flasques. Lois Roden n'a même pas de beaux restes, car elle n'a jamais été très aguichante. En revanche, Vernon est très excité par sa verve, l'audace de ses prêches (elle proclame que Dieu est féminin et commence ses prières par « Notre Mère qui êtes aux cieux ») et surtout, par son entregent : la sainte femme a beaucoup voyagé, elle est populaire au Canada, elle fréquente les prêcheurs les plus médiatiques des États-Unis et même certains chefs d'État, parmi lesquels le dictateur des Philippines, Ferdinand Marcos[1] – toute organisation sectaire s'accommodant, par définition, assez mal des principes démocratiques. Lois fait publier, sous sa direction, une lettre davidienne internationale intitulée « SHEkinah[2] », prônant l'imminence du retour du Christ sous une forme

1. KING (Martin) ; BREAULT (Marc), *Preacher of Death*, *op. cit.*
2. WRIGHT (Stuart A.), *Armageddon in Waco. Critical Perspectives on the Branch Davidian Conflict*, University of Chicago Press, 1995.

féminine. S'il n'est pas d'accord avec sa grande prêtresse sur ce point précis, Vernon n'en est pas moins impressionné par la diffusion à grande échelle de sa parole. Il veut suivre ses traces… et commence par être son plus dévoué disciple. L'ombre de son ombre, en moins discret – car il s'exerce à prêcher en permanence. Au début, Lois se méfie. Déjà échaudée par les velléités putschistes de son propre fiston, elle exige des preuves de dévotion. Comme dans les contes, le prétendant doit subir bien des épreuves avant d'être autorisé à courtiser la dame de ses pensées. Il est donc relégué dans une pièce au dénuement spartiate, assigné aux plus humbles tâches domestiques, contraint de jeûner. Ses obsessions sexuelles n'en sont qu'aggravées, il passe des heures à se masturber de manière quasi-ostentatoire. Le reste du temps, il répare des moteurs. C'est sa passion : décortiquer des mécaniques, les remonter, les huiler, les ajuster. « L'esprit humain n'est pas très différent », se dit-il. Vernon répare les véhicules et les appareils de toute la communauté, ce qui le rend vite utile, puis sympathique, aux yeux de tous. On se met à l'apprécier. En 1983, il affirme qu'il a le don de prophétie et instaure une emprise vite grandissante sur le groupe. La veuve Roden ne l'en dissuade pas. Au bout de deux ans, elle a craqué pour son chevalier servant. Vernon affirme que de leur union naîtra un enfant qui sera l'élu. Lois, 78 ans, se garde bien d'abonder ouvertement sur ce sujet. La jeunesse, la musculature et la fougue de son amant inespéré lui semblent suffisamment appréciables, pour égayer l'hiver de sa vie, sans aller chercher d'inutiles querelles d'exégètes. Par ailleurs, son apollon lui permet de maintenir à distance l'impétueux George. Stetson rivé sur le crâne et colt attaché sous la veste, le fils Roden guette son heure. Pendant quelques semaines, la communauté connaît une accalmie dans la perpétuelle rivalité de leurs pressentis leaders : Vernon révèle que le

Très-Haut lui a intimé de prendre pour femme Rachel Jones, âgée de 14 ans. Bien sûr, on ne demande pas le consentement de l'enfant ; ses parents, tous deux Davidiens, donnent avec joie leur bénédiction. Pendant qu'Howell abuse impunément de la jeune fille, c'est la trêve entre les deux aspirants gourous. Répit éphémère. Lois Roden rend l'âme le 1er mai 1986. La vénérable à peine refroidie, le conflit reprend de plus belle. Le 3 novembre 1987, une fusillade éclate à Mount Carmel entre les partisans de George et ceux de Vernon. La police locale intervient ; par miracle, aucune victime n'est à déplorer. Le shérif doit, en revanche, élucider une affaire sordide de macchabée exhumé et transporté dans la chapelle des Davidiens : George aurait été mis au défi par Vernon de ressusciter la dépouille d'une femme (Ana Hugues, décédée deux ans plus tôt), pour prouver qu'il était le nouveau prophète en titre. Là-dessus, vient se greffer une histoire d'impôts impayés et une dispute sur la part d'héritage dévolue à George Roden. Le ton monte rapidement et Roden, de tempérament aussi vif que fruste, en vient à vitupérer contre les juges et les policiers, les menaçant – arme au poing – de leur transmettre, grâce à ses pouvoirs divins, le sida, l'herpès et la syphilis. Un autre jour, George défouraille avec un Uzi sur un véhicule dans lequel se trouvent des partisans de Vernon et leurs enfants. Le forcené épuise la patience des Texans – pourtant conciliants avec les zélateurs du second amendement de leur Constitution, garantissant à tout citoyen américain le droit d'être armé. Le géant à la barbe brune et à la gâchette facile finira par écoper de six mois de prison.

Pendant cette guerre de succession, Vernon a installé son QG dans un camp de fortune à l'écart, avec une trentaine de ses fidèles : sous des tentes, sans eau courante, chauffage, sanitaires ni électricité. Chacun s'est cotisé pour acheter le terrain. Howell a choisi un emplacement bien spécifique, à

140 kilomètres de Waco, dans la région de Palestine : un nom délibérément biblique, significatif de la religiosité locale. Par ailleurs, Vernon considère ce lieu comme le décor prémonitoire de sa destinée. Pendant les deux années suivantes, il voyagera en Californie, en Grande-Bretagne, au Canada, en Nouvelle-Zélande et en Australie : là se trouvent d'importantes communautés adventistes, où il s'efforce de recruter ses nouveaux Davidiens.

Vernon Howell est grisé par le sentiment de puissance qui ne le quitte plus, depuis qu'il est progressivement devenu chef des davidiens. Le 23 mars 1988, lendemain de l'incarcération de George Roden, il prend enfin possession de Mount Carmel[1]. Il fait fortifier et clôturer son territoire et ses dépendances avec des barbelés. En 1989, l'héritier Roden sort de prison. Il a l'intention d'en découdre avec Vernon mais, avant même d'en avoir l'occasion, ne trouve pas mieux que de fendre à la hache le crâne d'un homme, qu'il pense être un émissaire d'Howell. George Roden finira ses jours en hôpital psychiatrique.

Vernon Howell a désormais le champ libre pour atteindre son but et achever sa métamorphose. Il est le nouveau messie et compte bien révéler sa véritable nature au monde entier.

Le messie de l'abîme

David Koresh est né le 28 mai 1990. La cour de Californie accorde officiellement à Vernon Howell un changement d'état civil, demandé sous prétexte de « raisons publicitaires et commerciales ». David Koresh. C'est bien mieux que sa précédente et banale identité ! Plus percutant et chargé de sens, suivant son choix : « David » par allusion aux rois de la Bible

1. WRIGHT (Stuart A.), *Armageddon in Waco*, *op. cit.*

(un classique déjà éprouvé par Benjamin Roden, le précédent gourou des davidiens), et « Koresh » pour la traduction en perse de Cyrus le Grand, conquérant de l'Empire babylonien au VIe siècle avant J.-C.

David Koresh se réinvente une filiation, réécrit son roman familial et s'inscrit, grâce à sa seule volonté, dans une lignée de monarques puissants et de conquérants infatigables. Il ne fait définitivement plus partie du commun des mortels. Il échappe donc aux lois et aux codes moraux qui régissent la société. Plus aucune limite ne s'applique à lui, plus rien ne peut l'arrêter dès lors que d'autres partagent sa vision de l'existence, si déviante, brutale et déformée soit-elle. Si d'autres le croient, si d'autres le suivent, alors cela prouve bien qu'il a raison ! Finalement, ce sont toujours les adeptes qui créent leur gourou, et non l'inverse. Ce singulier esclavage est consenti et favorisé par ceux qui choisissent de suivre leur maître, pourvoyeur d'un mélange de crainte et d'adoration aux propriétés littéralement psychédéliques. La dépendance au chef est alors absolue.

Les ancêtres mythiques de David Koresh l'absolvent de la réalité et lui offrent la réalisation de ses désirs les plus fous. Rien n'est plus cher à son cœur que de suivre leur exemple. Un de ses premiers modèles est le roi Salomon, dont il admire sans restriction la virilité : ne dit-on pas que ce prophète eut 700 femmes de rang princier et 300 concubines[1] ? Ainsi Koresh s'organise-t-il peu à peu un harem de jeunes adeptes totalement soumises, qui rivalisent d'efforts pour complaire à leur messie. Ce dernier tenant à ce que son troupeau mène une existence spartiate, les conditions d'hygiène sont plus que rudimentaires dans la communauté. Les « femmes du Christ », comme il aime les appeler, souffrent donc fréquemment d'infections génitales

1. (1 Rois 11, 2-3.)

et autres maladies sexuellement transmissibles. Koresh teste régulièrement divers remèdes plus fantaisistes les uns que les autres, pour enrayer les épidémies. Il oblige ses amantes à ingurgiter chaque matin, à jeun, une gousse d'ail crue. Cette mesure, moins prophylactique qu'odorante, s'avère évidemment inefficace. Koresh n'a alors pas d'autre solution que de varier les partenaires aussi souvent que possible. Pour se garantir un cheptel conséquent, il décrète qu'il est le seul mâle de la communauté à pouvoir procréer comme bon lui semble. Cependant, certaines échappent à son insatiable appétit. Pour avoir sa préférence, mieux vaut avoir les cheveux longs, être mince et de type caucasien. Koresh tolère les différences ethniques dans sa communauté, « parce que nous sommes tous les créatures de Dieu », mais ne cache pas son racisme. Il explique ainsi que « les femmes noires sont laides mais [...] rendent leurs hommes heureux[1] » ; de même, il affirme que les « orientales et les bridées [...] se ressemblent toutes », mais qu'elles ont « souvent une poitrine ferme. Vraiment belle. Vraiment ferme. Et elles sont bonnes au lit aussi ».

Dans la secte de Mount Carmel, on trouve donc des adeptes issus d'horizons géographiques et ethniques divers, mais toutes et tous ne sont pas logés à la même enseigne. Les disciples ordinaires obéissent au noyau dur des *Mighty Men* (les « Puissants ») désignés par Koresh, des hommes de confiance formant la garde rapprochée du leader. Une hiérarchie interne s'impose de facto entre eux et les autres adeptes. Ses épouses, ses concubines et ses enfants constituent également des catégories distinctes. Les favoris des deux sexes doivent répondre aux moindres désirs du gourou et veiller sur ses plus inavouables secrets. Ses petits ne doivent pas se mêler aux autres enfants ; ses disciples mâles et femelles doivent proscrire toute confidence, même la plus

1. KING (Martin) ; BREAULT (Marc), *Preacher of Death*, *op. cit.*

innocente, sur leurs relations avec Koresh. Même si tous les davidiens de Mount Carmel connaissent ses faits et gestes, nul ne doit évoquer son penchant pour les filles les plus jeunes, dont certaines non-pubères, d'après les récits d'ex-membres du groupe. La seule distraction de ces gamines doit venir des attentions exclusives de leur gourou bien-aimé, car il leur interdit les jeux de leur âge. Il les cajole et les manipule comme des poupées, ou les punit lorsqu'elles commettent les plus infimes erreurs : renverser du lait, ne pas porter le vêtement que Koresh préfère, rire lorsqu'il n'est pas de bonne humeur, etc. En dehors d'humiliations variées, le messie davidien est partisan de la fessée. Le mélange des genres le plus malsain est de mise, car la sexualité se mêle au paternalisme abusif. Sa violence se débride lorsqu'il reproduit les brutalités dont il a lui-même souffert autrefois. Il considère qu'on doit châtier les bébés dès l'âge de 8 mois, ceux-ci étant capables de distinguer le bien du mal, selon ses critères. D'anciens membres de la secte témoigneront, des années plus tard, avoir accepté que Koresh batte leur fillette de 9 mois parce qu'elle ne voulait pas rester assise sur ses genoux, avec une latte de bois qu'il appelait « *the helper* » (« l'assistant »). « Qui aime bien châtie bien ! », ironise Koresh avec une cruauté jubilatoire. Les enfants de la secte ne doivent appeler « père » que leur gourou, les véritables géniteurs étant parfois qualifiés de « chiens ». Lorsque les coups ne suffisent pas à les discipliner, ils sont privés de nourriture et de sommeil – à l'instar de leurs parents, dans un but de purification. L'éducation scolaire est aléatoire, et considérée comme optionnelle ; seul l'enseignement biblique, prodigué par David Koresh et ses fidèles, est nécessaire dans la communauté. À plusieurs reprises, entre 1990 et 1993, des enquêtes sont menées par les services de protection de l'enfance mais n'aboutissent pas, faute de preuves, puisque les parents intégrés à la secte couvrent les agissements de leur leader.

Sexe, flingues et rock and roll

Hors de ses assouvissements pervers, l'objectif ultime de David Koresh consiste à réaliser son destin de prophète. Façon grand classique du genre : se sacrifier pour sa foi et entraîner dans la mort des fidèles promis à un au-delà paradisiaque – le tout à l'issue d'une mémorable apothéose. En prévision de cet épilogue spectaculaire, le quotidien de la communauté de Mount Carmel est rythmé par les sermons et l'entraînement paramilitaire. Environ 150 adeptes vivent dans le domaine de Koresh, endoctrinés dans le but de former son armée. Il sait qu'il devra les mener au combat. Contre qui ? Le choix est large : l'État fédéral, le gouvernement américain, l'ONU... toutes les instances et autorités désireuses de faire respecter les lois, droits et devoirs des individus, définis par le système démocratique. Koresh rejoint les thèses de la droite la plus extrême, qu'il mélange à son fatras mystique millénariste. Il en conclut que ceux qui ne sont pas avec lui sont contre lui. Et contre Dieu. C'est pourquoi le nouveau messie se pose avant tout en chef de guerre. Ses hommes se lèvent chaque jour à 5 h 30 pour s'entraîner : exercices guerriers, marches en rase campagne, tirs. Les enfants participent dès qu'ils le peuvent, apprenant à utiliser des armes à feu avant même de savoir lire. Koresh les oblige aussi à se battre entre eux pour s'endurcir, et frappe ceux qui ne se montrent pas assez violents. Les femmes vaquent aux travaux ménagers et s'occupent des petits. Elles sortent rarement. Pas de télé, pas de radio, aucune fête d'anniversaire n'est tolérée. Sont également bannis les jeux de cartes et surtout les échecs, parce qu'ils favorisent la concentration, la stratégie et développent l'acuité intellectuelle. En revanche, l'exaltation belliqueuse est encouragée lors des projections des films favoris de Koresh, parmi lesquels *Platoon* (d'Oliver

Stone), *Full Metal Jacket* (de Stanley Kubrick), et *Hamburger Hill* (de John Irvin). De nombreux adeptes travaillent à l'extérieur et donnent la plus grosse part de leurs revenus à la communauté ; des « mécènes », ne résidant pas à Mount Carmel, participent au financement du site et à son armement. Ils permettent aussi à David Koresh de voyager et de s'offrir tous ses caprices, comme des séances d'enregistrement, du matériel et une quinzaine de guitares, pendant la période où il rêve encore de devenir une star de la musique – et de recruter sa chanteuse préférée, Madonna, qu'il a vainement voulu rencontrer fin 1988. Il n'applique jamais à lui-même les règles d'austérité qu'il impose aux autres ; il se galvanise en écoutant la musique qu'il aime (Iron Maiden, Guns N' Roses ou Megadeth), consomme de la bière, de la viande, des chips et du chocolat, denrées strictement interdites à ses fidèles. Il fait installer l'air conditionné pour lui seul, dans une pièce qui lui est réservée. Dans ses prêches, il justifie ces apparentes contradictions en affirmant qu'il doit se conduire en pécheur, afin de mieux juger les autres lors du Jugement dernier. Son royaume de Mount Carmel est gardé jour et nuit, personne n'entre ou ne sort du domaine sans en référer aux gardes armés qui se relaient sans interruption. À partir de 1991, David Koresh lui-même quitte rarement son fusil AK-47, qu'il dit aimer plus que ses femmes.

L'héritage du sang

En 1992, la paranoïa guerrière de Koresh s'intensifie. Ses sermons se font de plus en plus virulents, axés sur la nécessité du martyre et sur l'imminence d'un dénouement apocalyptique : « C'est écrit dans les Évangiles : la fin des temps est proche ! Mais n'ayez pas peur, nous l'accueillerons à bras ouverts. Avant d'être amenés dans la gloire de notre Père, il y aura une grande bataille. “Ils combattront contre l'Agneau !” est-il écrit… Qui sont ces gens qui combattront le Fils de Dieu ? Vous savez qui sont ces gens ? » David Koresh le sait : les autorités fédérales le surveillent de plus en plus près.

Début 1993, plusieurs Davidiens se seraient enfuis du domaine de Mount Carmel tandis que certains adeptes, vivants hors de la communauté, commencent à prendre leurs distances. Parmi ces derniers, beaucoup redoutent un suicide collectif comme celui de Jonestown, en Guyane, qui a fait 914 victimes le 18 novembre 1978. Néanmoins, plus d'une centaine de disciples restent aux côtés du prophète texan. Ils sont résolus à l'accompagner jusqu'au bout.

Dimanche 28 février 1993, 10 h. 75 agents de l'ATF et 3 hélicoptères cernent le domaine de Mount Carmel. David Koresh a refusé la perquisition. L'assaut est donné. En quelques minutes, une violente fusillade éclate entre l'ATF et les adeptes ; 4 agents sont tués et 22 autres blessés. Côté Davidiens, on compte 6 morts et plusieurs blessés, dont David Koresh lui-même, au poignet et à la hanche. Un cessez-le-feu est négocié. 119 personnes, dont 43 enfants, sont retranchées dans la ferme fortifiée. Dès le lendemain, le FBI prend la responsabilité de l'opération à la suite de l'ATF. 300 agents et plusieurs unités de tireurs d'élite sont postés autour des bâtiments. David Koresh n'a plus rien à perdre puisqu'il encourt désormais la peine de mort. Les négociateurs veulent l'amadouer en flattant son ego et lui proposent d'enregistrer un message, qui sera diffusé sur une radio nationale ; en échange, ses disciples et lui devront se rendre. Il accepte. Le troisième jour, à 13 h 30, American Christian Network diffuse comme convenu son dernier sermon. Le FBI et les médias attendent que le prédicateur de l'apocalypse veuille bien quitter son repaire. Il refuse, et clame que Dieu lui a ordonné d'attendre ! Le siège de Waco ne fait que commencer. L'attente durera 51 jours. Neuf chars d'assaut et 5 véhicules de combat sont envoyés en renfort, pour tenter d'intimider Koresh. Sa détermination n'en est que renforcée. Le FBI parvient toutefois à le convaincre de libérer 19 enfants. « C'est la fin des temps, la prophétie est en train de se réaliser » : les adeptes restés avec leur maître enregistrent des messages d'adieu à l'intention de leur famille, sur des cassettes vidéo. Au bout de 7 semaines, aucune discussion n'étant plus envisageable, le FBI attaque au gaz lacrymogène, espérant obliger les davidiens à sortir. Quatre minutes plus tard, les hommes de Koresh se remettent à tirer. Un négociateur tente une dernière fois de ramener le gourou à la raison : « David, vous prétendez être leur sauveur, alors sauvez-les ! » Le prophète texan ne répond plus. Les chars défoncent les murs du bâtiment principal, un étage s'effondre. Six heures plus tard, personne n'est sorti, mais une énorme explosion retentit et un incendie se propage immédiatement dans toute la bâtisse. La réserve d'explosifs de Mount Carmel vient de se consumer dans un déluge de feu. La prophétie s'est réalisée.

Neuf rescapés sortiront finalement des entrailles fumantes, d'où seront tirés les corps calcinés de 83 personnes, dont 21 enfants et 2 femmes enceintes. La dépouille de David Koresh est retrouvée dans la cuisine, une balle dans le crâne.

Une chapelle a été édifiée sur le site. Des Davidiens viennent encore s'y recueillir, dont certains honorent la mémoire de leur défunt prophète. Sa dépouille repose au cimetière de Tyler, à 210 kilomètres de Mount Carmel.

Un an après la mort de David Koresh, plusieurs de ses enregistrements ont été rassemblés par d'anciennes « femmes du Christ », et un album intitulé *Voice of Fire* est sorti en 1994

– sans remporter le succès escompté. La notoriété posthume du messie texan reste ancrée dans la violence et le sordide : deux ans jour pour jour après la tragédie de Waco, Timothy McVeigh et Terry Nichols, terroristes issus d'un groupe paramilitaire nationaliste, feront à leur tour 168 victimes dans l'explosion d'un immeuble fédéral d'Oklahoma City, ayant eu l'intention de venger, dans un bain de sang, la disparition de David Koresh.

Chapitre 7

HIRŌ ONODA
LE DERNIER SAMOURAÏ

« La vie n'est pas juste. Certaines personnes sont meilleures que les autres. »

(Hirō Onoda, 16 janvier 2007)

D'aussi loin qu'il se souvienne, la solitude et la mort lui ont toujours été familières. Alors qu'il court sous les étoiles dans la jungle de Lubang, ce constat ne l'attriste pas, bien au contraire : Hirō Onoda se sent plus fort et plus libre qu'aucun autre homme. Le vent de la nuit lui donne des ailes, la lune éclaire sa route, les montagnes ouvrent leurs flancs pour l'accueillir. Nul ne connaît mieux que lui l'île de Lubang, dans l'archipel des Philippines, où il survit en secret depuis vingt-huit longues années. Hirō Onoda est un guerrier, une ombre armée, une menace insaisissable, un souffle létal. Il ne respire que pour combattre, n'aspire qu'à l'honneur de mourir pour son empereur-dieu et pour sa patrie. Mais avant d'accomplir le sacrifice ultime et de rejoindre ses ancêtres dans l'au-delà, il obligera ses ennemis à payer un lourd tribut de sang et de larmes. Jamais il ne se rendra. Jamais ils ne pourront l'obliger à renoncer.

Alors qu'il court sous les étoiles, il hurle à pleins poumons : « Je les tuerai tous ! Tous ! Tuer ! Tuer ! Tuer ! » La haine prend forme, rythme son élan, les mots explosent en une malédiction sauvage. La solitude et la mort sont ses alliées.

En cette nuit du 19 octobre 1972, le sous-lieutenant Hirō Onoda, âgé de 50 ans, disparaît au plus profond de la forêt, parvenant une fois de plus à semer ses poursuivants : la police philippine mais aussi l'armée impériale japonaise, à laquelle il appartient.

Le 26 décembre 1944, l'officier Onoda a été envoyé avec plusieurs unités sur ce bout de terre perdu au milieu de l'océan. Les troupes nippones ont alors pour mission de contrer la progression américaine dans l'archipel des Philippines. La Seconde Guerre mondiale amorce un tour décisif, et les troupes de Hirohito (près de six millions d'hommes) tentent désespérément de maintenir leurs positions, placées dans une situation stratégique de plus en plus délicate. La défaite face aux Alliés s'annonce bientôt inéluctable, avec l'ultime crainte que les troupes soviétiques soient encore plus rapides, parvenant à soumettre l'Empire du Soleil levant sur son propre sol et – crime insoutenable pour le peuple japonais – à déchoir l'empereur lui-même. La menace stalinienne semble se concrétiser huit mois plus tard. L'URSS commence, le 9 août 1945, à reprendre les territoires japonais en Mandchourie, la côte orientale du Nord de la Corée et l'île de Sakhaline. Devant l'imminence d'une invasion bolchevik dans le pays même, le Japon préfère encore capituler sans conditions, pour suivre l'exigence des Américains et des Britanniques, le 15 août 1945. Le 2 septembre suivant, la signature de l'acte de reddition au Commandement suprême des forces alliées, représenté par le général Douglas MacArthur, a lieu sur le porte-avions *Missouri*, ancré dans la baie de Tokyo. La guerre est finie.

Pas pour Hirō Onoda, qui ignore cet épilogue. Les années s'écouleront sans émousser sa combativité. Les autres soldats de l'empereur, déployés à Lubang en 1944, sont tombés, se sont rendus ou ont été faits prisonniers en moins de quatre mois ! Échappant aux bombardements, comme à toutes les offensives terrestres, le sous-officier Onoda s'est caché – pour continuer à lutter, en évitant tout contact direct avec l'ennemi. Il a déjoué tous les pièges… puis toutes les manœuvres visant à le convaincre de cesser le combat. Depuis vingt-huit ans, il refuse de perdre. Depuis vingt-huit ans, il refuse d'écouter « leurs mensonges ». L'honneur ne tolère pas le doute. Ce n'est pas parce qu'il est le dernier qu'il doit s'avouer vaincu ! Cette pensée le propulse au cœur des ténèbres, dans le labyrinthe végétal, où nul n'ose s'aventurer. Au bout d'un long moment, convaincu d'avoir distancé ses poursuivants, il se laisse enfin tomber à terre, épuisé.

Après bien des tours et détours, le guerrier a rejoint son camp de base provisoire, où sont cachés ustensiles, provisions, munitions et quelques effets personnels. Les mains légèrement tremblantes d'émotion et d'excitation, Hirō Onoda exhume, de sous une souche d'arbre, un long paquet protégé par plusieurs couches d'étoffe. Précautionneusement, il déballe et caresse ses deux plus précieuses possessions : son *shin guntō* (sabre de guerre) et une dague ancienne, un *kaiken*, dans sa famille depuis au moins quatre générations. Cette arme lui a été offerte par sa mère. Il ne se souvient presque plus de son visage, excepté son regard froid et impénétrable. L'amour maternel n'était pas son fort. Onoda ne ressent, en retour, aucune tendresse pour elle. En revanche, il est reconnaissant de l'éducation qu'il a reçue, et tout à fait admiratif devant cette femme qui a su lui transmettre son intransigeance. Pour la première fois depuis qu'il est à Lubang, Hirō Onoda pense à sa famille et à son enfance paisible dans la petite ville de Kainan, au nord d'Honshū, la plus grande île du Japon. Il n'a jamais eu que peu de rapports avec son père, qui considérait son métier d'enseignant comme un sacerdoce, imposant une distance respectueuse à ses élèves autant qu'à ses propres enfants. Onoda priait parfois à ses côtés, brûlant de l'encens devant l'autel dédié aux ancêtres. Rarement, père et fils échangeaient une parole. Les enfants Onoda – deux filles et cinq garçons – étaient enclins à tout régler entre eux, sans oser importuner leurs parents. La sensiblerie et les épanchements affectifs n'avaient pas leur place chez eux. Rien ne surpassait le sens du devoir et l'honneur. À 6 ans, Hirō a pu en faire l'expérience. Sa mère le jugeait obstiné et impertinent ; souvent elle lui reprochait : « Tu es toujours têtu et prêt à l'affront dans tout ce que tu fais ! Tu es né comme ça. C'est ton destin. » Pour autant, la mère d'Hirō n'envisageait pas de porter le fardeau d'une telle fatalité. Un jour, à l'école primaire, l'enfant se dispute avec un camarade. La rixe s'envenime et Hirō, s'emparant d'un petit couteau, n'hésite pas à poignarder l'autre enfant. La blessure s'avère heureusement superficielle, mais personne ne s'attarde sur l'état de santé de son adversaire : aux yeux des parents Onoda, l'agression perpétrée par leur fils importe bien moins que son manque de sang-froid. En perdant ce dernier, Hirō Onoda a attiré l'opprobre sur les siens. Le verdict est sans appel. Sa mère s'exprime au nom de l'ensemble du clan : « La famille ne peut plus te supporter. La moindre des décences pour un voyou de ton espèce serait de se tuer. » Joignant le geste à la parole, elle le traîne jusqu'à l'autel, où on rend hommage aux ancêtres défunts, et lui tend sa dague. La grand-mère de Hirō Onoda, et son arrière-grand-mère avant elle, l'a traditionnellement transmise à sa fille lorsqu'elle s'est mariée. L'arme repose dans un fourreau blanc. En risque de déshonneur, toute femme bien née est, selon l'étiquette, autorisée à s'égorger[1]. En l'occurrence, la mère le tend à son fils pour qu'il lui épargne davantage d'embarras. Le jeune garçon sait que sa proposition n'est pas feinte et qu'elle accepterait de le voir mourir. Il prend lentement le *kaiken*, sa mère est agenouillée devant lui, mains posées bien à plat sur les genoux, les traits déformés par la colère. Glacé d'effroi, Hirō Onoda déboutonne la veste de son *gakuran*[2] et appuie la pointe acérée contre son petit abdomen. La mère d'Hirō attend, ne remuant pas un muscle. L'enfant ferme les yeux et enfonce le bout de la dague dans sa chair. Ce faisant, il espère encore une manifestation maternelle, un élan d'affection pour interrompre son mouvement, peut-être même l'intervention surnaturelle d'un ancêtre miséricordieux, lui accordant son pardon au nom de toute sa lignée… Mais rien. Rien que le silence, les battements affolés de son cœur tambourinant à ses oreilles, puis un irrépressible jaillissement de larmes sur ses joues rougies par la honte et le chagrin. Il baisse le *kaiken*, incapable de s'éviscérer. Une fois devenu adulte, il évoquera cet épisode avec un ami, se demandant encore : « Pourquoi ne me suis-je pas ouvert le ventre ? Peut-être parce que je n'étais qu'un enfant. »

Le petit garçon a grandi, hanté par ce cruel moment. Hirō Onoda tourne et retourne entre ses mains le *kaiken* de son enfance. Le 7 décembre 1944, juste avant de partir en guerre dans les Philippines, il est retourné chez lui pour faire ses adieux à sa fratrie et à ses parents. Il se dit alors que c'est peut-être la dernière fois qu'il les voit, et formule une surprenante requête à sa mère : « Laissez-moi prendre votre dague. »

---

1. Le *kaiken* marquait le lien indéfectible entre l'épouse et son époux : le perdre ou s'en séparer constituait une souillure, que seule la mort pouvait laver. Le *kaiken* servait aussi au « suicide par fidélité » – ou *junshi* – de l'épouse, par perforation de la carotide, lorsque son mari, frappé d'infamie pour une raison ou une autre, devait se faire seppuku.
2. Uniforme scolaire.

Elle ne bronche pas, ouvre une commode de bois précieux, actionne un tiroir et lui présente, pour la seconde fois de son existence, le *kaiken* ancestral : « Utilise-le pour te tuer si tu es capturé par l'ennemi. » Toujours la même obsession ! Hirō hoche la tête en signe d'assentiment. Il a appris à sauver les apparences et à simuler l'obéissance. En réalité, le suicide est une éventualité qu'il écartera toujours – coûte que coûte et en toutes circonstances.

Depuis son seppuku avorté, le sous-lieutenant Onoda reste fidèle à deux convictions : il pense valoir davantage vivant que mort ; jamais plus il ne se mettra en situation d'avoir à se tuer. Il racontera, des années plus tard, qu'il a demandé le *kaiken* à sa mère « simplement pour [se] protéger[1] » ; un argument saugrenu dans la mesure où l'officier dispose de toutes les armes réglementaires prévues à cet usage. Le fait qu'il prive sa mère de son « arme de dernier recours » est, en revanche, beaucoup plus évocateur : en lui confisquant le *kaiken*, il ôte à sa génitrice la capacité de mettre fin à leurs vies respectives. L'emprise maternelle semble brisée. Hirō le soldat conquiert la maîtrise de son destin, en même temps qu'il part en guerre. Le combat donne un sens si puissant à sa destinée qu'il ne voudra jamais y mettre un terme. Le jeune homme le prend comme une véritable renaissance. Le soir précédant son départ au front, il se recueille sur les berges de la rivière Tenryù : « J'en étais parvenu à la conclusion [...] que je pouvais trouver la mort aux Philippines, sans que quiconque verse une larme pour moi. » Cette révélation ne l'attriste pas. Au contraire, Hirō se sent comme soulagé d'un fardeau ancien. Le vide affectif est comblé par la tentation de l'héroïsme. Une métamorphose s'accomplit tandis que lui viennent en tête les paroles d'une de ses chansons favorites,

1. ONODA (Hirō), *No Surrender. My Thirty-Year War*, Naval Institute Press, 1999.

en guise de poème d'adieu : « Je passe pour un escroc et un voyou. Mais vois, ô Lune, la splendeur de mon cœur. » Ainsi qu'il le fera souvent durant les années à venir, seul dans la jungle, Hirō Onoda entonne à tue-tête : « Ô Lune de ma patrie, je viens de renaître. Ce soir, tu es le reflet éclatant de mon âme ! » Lune et âme de fiel au diapason.

Un play-boy dans le camp du Diable

Avant d'être soldat, Hirō Onoda s'est scrupuleusement ingénié à devenir le vaurien que sa mère avait prédit. Étudiant médiocre sur le plan intellectuel, il reporte tout son intérêt et ses espoirs de briller sur les cours de kendō, escrime au sabre jadis pratiquée par les samouraïs. Hirō se désole de ne pas progresser comme il le souhaiterait, malgré sa bonne technique. En 1939, un combat met fin à ses illusions ; il perd la face devant un adversaire, tenu en haute estime par son professeur de kendō et par tous ses camarades. Onoda remporte la victoire grâce à une ruse jugée grossière et déloyale. Il comprend, trop tard, qu'il n'a pas su capter l'esprit de cette voie martiale. Trop emporté, trop orgueilleux, Onoda n'a pas l'étoffe de ceux qui savent pratiquer l'art de la défense – et non l'agression. Il ne sera jamais maître de kendō. Nouvel échec, nouvelle humiliation. À 17 ans, Hirō Onoda ne rêve plus à rien. L'harmonie de l'univers lui échappe.

Il renonce ainsi à chercher l'accomplissement et troque l'élévation spirituelle pour le monde des apparences, qu'il estime bien plus facile et accessible. Onoda veut devenir riche et embrasser une existence de jouissances. Goûter à tout, profiter de tout, sans aucune entrave morale. Pourquoi s'entêterait-il à quérir une approbation familiale qu'il n'obtiendra manifestement jamais ? Pour concrétiser ses velléités d'indépendance, il accepte un travail de commercial en Chine, dans une société spécialisée en vernis et laques. La Chine offre un nouvel horizon, à la fois prometteur et dangereux – les Japonais s'approprient les richesses des territoires conquis, massacrent et asservissent les populations locales sur leur passage, armée et yakuzas[1] œuvrant de conserve. La Mandchourie a ainsi été envahie en 1931. En 1936, Hirohito a donné son autorisation pour la constitution de l'unité 731, destinée à concevoir des armes biochimiques. Depuis lors, des expérimentations médicales sont réalisées sur des cobayes essentiellement chinois et soviétiques, dont la totalité – plus de 10 000 hommes, femmes et enfants – périront dans les laboratoires du Mandchoukouo[2]. L'armée japonaise impose son joug et veut faire table rase dans les territoires qu'elle occupe, pour permettre à l'Empire d'étendre son emprise commerciale.

Le fils aîné de la famille Onoda, Tadao, est lieutenant basé à Hankou, en Chine centrale ; Hirō a voulu l'y suivre, en saisissant la première opportunité professionnelle le lui permettant. Il est très attaché à Tadao, qu'il idéalise à défaut de pouvoir l'imiter : son frère est, à ses yeux comme pour le reste de la famille, un modèle de réussite et d'honorabilité. Tadao incarne le fils prodigue et Hirō, le mouton noir. À peine arrivé à Hankou, le frère aîné prévient son cadet : « Tu as bien compris que ce pays est dangereux et que tu peux t'y faire tuer ? Ne compte pas sur moi pour veiller sur toi ! » Hirō n'en demande pas tant. L'argent compense un peu le vide affectif. Il voit rarement son frère, mais lui envoie quelques notes de frais plutôt salées : costumes luxueux taillés sur mesure, notes

1. Mafieux japonais, contrôlant une grande partie des transactions commerciales légales et illégales. Très liés au pouvoir ultranationaliste dans les années 1930, ils sont particulièrement actifs dans l'occupation des territoires, pendant la Seconde Guerre mondiale, notamment en organisant le trafic des matières premières – ravitaillement, métaux, etc.
2. On estime par ailleurs que les expérimentations bactériologiques, effectuées sur la population mandchoue jusqu'en 1945, feront environ 580 000 victimes.

d'hôtels, cartouches de cigarettes, dettes de jeux... Hirō Onoda fréquente les lieux chics, brûle ses nuits à jouer, fumer et adore danser. Rien ne l'enchante davantage que de s'étourdir jusqu'aux frontières de l'aube. Il aime s'entourer des plus belles courtisanes chinoises, même s'il avoue ne pas nécessairement profiter de leurs faveurs. Hirō Onoda devient un playboy, cherche la catharsis dans l'excès, cultive une attitude cynique et désinvolte. L'atmosphère apocalyptique lui convient à merveille. Il savoure jusqu'à l'ivresse les parfums capiteux mêlés aux relents de charniers, véhiculés par cette terre asiatique en proie à l'agonie et au carnage.

Mais l'emballement de l'Histoire le rattrape bientôt : le 8 décembre 1941, au lendemain de l'attaque de Pearl Harbor, les États-Unis entrent officiellement en guerre contre le Japon. L'Empire du Soleil levant occupe l'Indochine, avec l'accord du gouvernement de Vichy depuis le 21 juillet 1941, et cohabite avec une concession française à Hankou. Mais ces relations se détériorent rapidement. Le jeune Japonais, qui a pris l'habitude d'arpenter les endroits huppés du quartier français, doit changer ses habitudes de noctambule. Les cabarets et salles de bal ferment les uns après les autres – la déchéance succède à la décadence. Dans la presse nippone, les journalistes fustigent ceux qui frayent avec les Français et les qualifient de « vermines de l'Asie ». Hirō tombe de nouveau au plus bas de la disgrâce. Ses expéditions de nuitard deviennent de plus en plus scabreuses, car il risque d'être raflé par la police militaire japonaise et jeté en prison. Du coup, il déserte les lieux où il avait coutume de danser et s'essaie au chant, qu'il peut pratiquer en toute sûreté. L'apprenti sybarite décide de prendre des cours pour mieux poser sa voix : il se voit bien en crooner, se gomine soigneusement les cheveux noirs plaqués sur le côté, prend des poses de dandy et étend son répertoire, en marquant une préférence pour le blues et le tango.

Le lyrisme débridé prend fin en mai 1942. Hirō Onoda est appelé sous les drapeaux. Avant de passer à l'inspection médicale, il redoute d'avoir une fois de plus à supporter l'infamie d'un vice caché en lui, d'une quelconque difformité, peut-être même d'une maladie honteuse… Mais ses angoisses s'envolent. Bon pour le service ! Il est submergé par la joie inédite de compter parmi les citoyens utiles à la mère patrie : « Première classe ! *Tenno Heika Banzaï !*[1] » écrit-il dans un télégramme jubilatoire envoyé à ses parents. Son intégration dans le régiment d'infanterie de Wakayama est prévue le 10 décembre suivant. En attendant ce jour, Hirō démissionne de son poste civil à Hankou et retourne dans sa ville natale.

Son état d'esprit vient encore de changer. Onoda passe, sans transition, du dilettantisme mondain au mode guerrier le plus radical. Et retrouve la quintessence de ses anciennes amours : la pratique du kendō – mais suivant la seule perspective martiale. Dépouillée de sa philosophie, l'escrime au sabre lui permet d'extérioriser son énergie brute et de se préparer à une lutte qu'il espère sauvage. Hirō parfait son entraînement en s'astreignant à nager en mer pendant tout l'automne et le début de l'hiver. Les flots glacés l'endurcissent, préparant son corps et son esprit à l'immersion totale dans un combat sans merci. Un espoir de rédemption.

En janvier 1943, le soldat Hirō Onoda est envoyé à la base de Nanchang (Sud de la Chine) – à sa plus grande surprise, car son frère Tadao est cantonné là, et Hirō n'imaginait sûrement pas être traité à la même enseigne. Mais les retrouvailles se déroulent sous de bons auspices, car le cadet Onoda fait rapidement ses preuves de soldat zélé. Il se distingue, dès la fin de ses classes, au cours d'une opération de « nettoyage »

1. Littéralement « Longue vie à Sa Majesté l'Empereur ! », ultérieurement plus connu sous la forme abrégée de « Banzaï ! ».

visant à éradiquer une poche de résistance ennemie. Avec son escouade, il capture le leader et élimine impitoyablement ses hommes. Blessé au pied droit, il est exceptionnellement autorisé à postuler à la formation d'officier et passe tous les tests aisément. Alors qu'Hirō repart au Japon pour intégrer l'école d'officiers de Kurume (île de Kyūshū), Tadao fait route pour la Corée. Les deux frères n'ont même pas le temps de se faire leurs adieux. Le 13 janvier 1944, Hirō Onoda commence l'entraînement au « camp du Diable », ainsi surnommé par tous ceux qui en sont sortis : une école d'officier réputée pour l'inflexibilité de ses instructeurs. On y endurcit le corps et l'esprit des aspirants gradés de l'Empire, pour en faire des machines de guerre au service de Hirohito. Insultes, humiliations, brimades. Rien qui saurait rebuter Onoda. L'entraînement physique le plus extrême l'euphorise. Après plusieurs semaines de ce régime, le changement est irréversible. Ses supérieurs ne tarissent pas d'éloges ; Onoda surpasse toutes leurs exigences. Il fait totale allégeance à l'idéal formaté qu'on lui impose. Le 5 mars 1944, un visiteur inattendu vient le saluer : son frère Tadao, de retour de Pyongyang et en attente d'être transféré à Canton. Leur entrevue ne dure que quelques minutes. L'aîné des Onoda prévient son jeune frère que l'heure du combat approche :

« Prépare-toi ! Tu ferais bien de t'attendre au pire.

– Ne t'inquiète pas. Je saurai mourir comme un homme », lui rétorque Hirō avec un sourire enfin complice.

Au moment de lui serrer la main, il demande à Tadao de lui donner 50 yens – clin d'œil à la période dissolue de son existence, désormais révolue.

Le 13 août 1944, Hirō Onoda sort du camp du Diable avec ses galons de sous-lieutenant. Il est aussitôt affecté à un escadron dont la vocation ne lui est pas dévoilée, cantonné à Futamata. Trois jours plus tard, il découvre qu'il devra achever sa formation à l'école militaire de Nakano, un établissement dont le titre officiel est « Centre de recherche de correspondance de l'armée ». En réalité, on y dispense un entraînement top secret destiné à former un corps d'espions d'élite. Techniques de guérilla, langues étrangères, art de l'infiltration, stratégie et survie en milieu hostile ; en trois mois, les officiers doivent apprendre à s'adapter, sans jamais déroger à leur mission. « Notre seul objectif était d'attaquer et de massacrer autant d'ennemis que possible, en évitant d'être soi-même tué. Nous devions rester vivants à tout prix, pour continuer le combat sous forme de guérilla aussi longtemps que possible, quand bien même faudrait-il adopter un comportement jugé déshonorant ». Ce qu'on enseigne à Nakano va à l'encontre de ce qu'Hirō Onoda a appris auparavant : « Mes précédents instructeurs nous répétaient : "N'acceptez jamais le déshonneur de continuer à vivre si vous êtes fait prisonniers ! Tuez-vous, car vivre dans ces circonstances serait un crime abominable !"[1] » À l'inverse, les recrues de Nakano sont encouragées à rester en vie le plus longtemps possible, même si cela implique d'être déconsidéré par les autres soldats, en accomplissant une mission ignorée par le reste de l'armée. En bref : interdiction de se faire seppuku, même en cas de capture ! La fin justifie tous les moyens… Onoda ne peut qu'adhérer : « Ce genre d'entraînement et de combat correspondaient parfaitement à ma personnalité […]. Pratiquement personne ne serait au courant du service que je rendrais à mon pays, mais c'est le destin de ceux qui s'engagent dans une lutte secrète. Je ne devais pas m'attendre à une quelconque reconnaissance. » Dès lors, Hirō Onoda se complaît à penser qu'il fait partie d'une poignée d'élus, de guerriers hors normes dont l'existence est méconnue du commun des mortels. Les instructeurs

1. ONODA (Hirō), *No Surrender. My Thirty-Year War*, *op. cit.*

de Nakano encouragent ce fantasme de mégalomane et y ajoutent la touche finale idéologique : « La guerre secrète nécessite l'intégrité absolue. » Le ton est donné. Hirō Onoda est un samouraï.

Bien sûr, les samouraïs n'existent plus. Leur tradition s'est éteinte à la fin du XIXe siècle, mais leur héritage culturel et les différents arts martiaux qu'ils pratiquaient ont survécu. L'institution militaire de Nakano est en partie calquée sur les *koryū*, ces écoles anciennes qui façonnaient la technique et la morale des samouraïs : formation aux armes, à la stratégie, au renseignement et aux arts martiaux. Hirō suit un cheminement en apparence comparable. Un zeste de pensée magique sous-tend l'entraînement physique intensif, et entretient le délire de supériorité qui verrouille un embrigadement efficace. « Si on est vraiment pur d'esprit, l'ennemi lui-même finira par coopérer à sa propre destruction » : tel est le leitmotiv de l'école de Nakano. Le doute n'est pas permis, le questionnement et la réflexion sont bannis. La pureté d'un idéal extrême ne tolère jamais les atermoiements. Par extension, plus aucune limitation morale n'est valide.

Dans le même registre, Hirō Onoda écrira dans ses mémoires, trente ans plus tard : « À l'époque, nous savions déjà que les États-Unis tentaient de mettre au point la bombe nucléaire. Les recherches étaient également lancées au Japon, mais l'Amérique, qui bénéficiait de plus grandes richesses et d'un nombre de chercheurs plus important, était considérablement en avance sur nous. Nos renseignements tenaient plus de la rumeur que du fait établi, mais nous avions prévu que l'arme atomique serait utilisée contre le Japon. [...] Et pourtant, nous [les officiers de Nakano, N.D.A.] n'étions pas sérieusement perturbés. Nous étions certains que même si l'ennemi débarquait au Japon, nous finirions quand même par gagner. Comme la plupart de nos concitoyens, nous considérions le Japon comme l'invincible pays des dieux. » Hirō Onoda n'est qu'un simple officier, mais son radicalisme reflète celui de la majorité des militaires, y compris au plus haut sommet de l'État japonais. À Tokyo, les bombardements incendiaires de février et mars 1945 feront plus de 120 000 victimes. Deux jours plus tard, l'ancien ministre des Affaires étrangères, Kijūrō Shidehara, affirmera que « les populations vont progressivement s'habituer à être bombardées quotidiennement. Au fur et à mesure, leur sentiment d'unité et leur résolution ne feront que croître ». Dans une lettre envoyée à un de ses amis, ce même politique – pourtant modéré ! – écrira que « même si des centaines de milliers de non-combattants sont tués, blessés ou réduits à la famine, même si des millions d'habitations sont détruites ou incendiées », il n'est pas question de renoncer. Durant l'été 1945, 68 grandes villes japonaises sont pilonnées par les Américains. L'explosion d'Hiroshima (puis celle de Nagasaki) représentera, sinon un summum dans l'horreur, du moins une frappe majeure en matière de dégâts matériels et humains, puisqu'une pluie de feu déferle chaque jour sur le Japon et qu'il ne reste plus de grande zone urbaine à détruire. Les bombardements ont commencé fin novembre 1944. Un mois plus tard, Hirō Onoda salue sa famille, emporte le *kaiken* de sa mère et un porte-encens appartenant à son père, à qui il n'ose même pas faire ses adieux de vive voix.

Au moment de son départ au front, Hirō fait une déclaration sibylline à sa mère : « Ma tâche étant ce qu'elle est, on pourrait me déclarer mort alors que je ne le suis pas. Si on vous dit que j'ai été tué au combat, ne vous formalisez pas trop, car il sera fort possible que vous entendiez de nouveau parler de moi quelques années plus tard. » Sa mère ne trouve rien à répliquer. Elle n'a jamais très bien compris son fils, et tient la plupart de ses propos pour paroles de fantasque.

Encore espère-t-elle qu'il se montrera capable de servir convenablement sa patrie.

Les Démons des Montagnes

Hirō Onoda reçoit son ordre de mission du major Taniguchi et du major Takahashi, chefs du renseignement. Il doit prendre la tête d'une unité déployée sur Lubang et tenir aussi longtemps que possible face à l'ennemi : Onoda devra faire sauter l'unique port et détruire l'aérodrome de l'île, s'opposer à toute tentative de débarquement et éliminer les assaillants. Pas de quartier ni de prisonniers. Le général Mutō, leur supérieur, lui précise ses consignes. Onoda est très impressionné de se trouver en sa présence ; c'est la première fois qu'un personnage aussi puissant daigne s'adresser à lui. Une sorte de consécration. Les yeux dans les yeux, le jeune officier boit les paroles de son chef, qui s'impriment en lui pour toujours : « Il vous est absolument interdit de mourir de vos propres mains. Que cela prenne trois ans, que cela prenne cinq ans, sachez que nous reviendrons vous récupérer – quoi qu'il advienne. D'ici là, aussi longtemps qu'un seul soldat reste à vos côtés, vous gardez le commandement. Il se peut que vous ayez à survivre en mangeant des noix de coco. Si c'est le cas, faites-le ! Vous n'êtes, en aucun cas, autorisé à vous laisser mourir. » Onoda est si troublé qu'il en pleurerait : « On aurait dit un père qui parle à son enfant[1] » – son propre père ne lui a jamais parlé ainsi. Sa mère n'attend que sa mort, mais le général Mutō exige sa vie !

Quelques jours plus tard, Onoda part pour Manille, où lui est confié le ravitaillement attribué à sa troupe, avec l'équipement, l'essence et tout l'arsenal qu'il a jugé nécessaire :

1. ONODA (Hirō), *No Surrender. My Thirty-Year War*, *op. cit.*

munitions, bâtons de dynamite, mines antipersonnel, grenades à main, etc. Le 30 décembre 1944 à 21 h, il prend la mer sur un bateau de marchandises pour gagner sa zone d'affectation. Le voyage ne dure que quelques heures, mais le danger d'être coulé par une torpille ennemi est constant. Alors qu'il vogue sous une pluie battante, par cette nuit sans étoiles, Hirō Onoda s'imagine promis à la plus glorieuse destinée qu'il puisse envisager : « Si je suis tué, je serais encensé à l'égal d'un dieu au sanctuaire Yasukuni[1] et les gens honoreront ma mémoire… Pas si mal, après tout ! » À l'aube, il voit enfin poindre la côte. Derrière la modeste ville portuaire de Tilik, des palmiers poussent en rangs serrés le long du rivage ; à l'arrière-plan, une forêt dense jusqu'en haut d'une chaîne montagneuse, aux sommets culminants à un maximum de 1 500 à 1 800 mètres. Lubang est une bande de terre large de 25 kilomètres du nord au sud, et d'environ 125 kilomètres carrés de superficie. Un terrain difficile pour des assaillants, mais idéal pour y maintenir une interminable guérilla.

Dès son arrivée au quartier général installé à flanc de montagne, le sous-lieutenant Onoda constate que le moral des effectifs est loin d'être optimal ; les hommes dont il doit prendre le commandement sont épuisés par des mois de combats dans le Pacifique, et par les rumeurs de l'imminence d'un débarquement américain. Ils n'attendent plus qu'une chose : se replier sur Manille. Hirō Onoda n'a guère le temps de remotiver sa troupe. Au matin du 3 janvier, la flotte ennemie est en vue. En scrutant l'horizon proche avec ses jumelles, il discerne deux cuirassés, quatre porte-avions, cinq croiseurs, des navires d'assaut et des destroyers, pour un total d'une

1. Sanctuaire shinto construit en 1869, pour rendre hommage aux Japonais « ayant donné leur vie au nom de l'empereur du Japon ». Aujourd'hui, devenu un symbole ultranationaliste controversé, ce sanctuaire est utilisé comme lieu de rencontre pour diverses factions d'extrêmes droites asiatiques et européennes.

quarantaine de bâtiments. Cette impressionnante armada continuera de s'accroître au fil des heures. Six jours plus tard, l'opération *S-day* fait rage : après Mindoro[1] où ils établissent rapidement leur base d'opérations, les troupes du général MacArthur prennent l'île de Luçon, siège de la capitale des Philippines. 175 000 américains forment la première vague de débarquement. L'avance des Alliés est à peine ralentie par les attaques des kamikazes : cette unité spéciale d'attaque (*Tokkōtai*), opérationnelle depuis octobre 1944, coulera néanmoins 40 navires américains et en endommagera une centaine. Le 15 janvier 1945, les troupes américaines avancent sur Manille. Moins d'un mois plus tard, l'armée japonaise est défaite, malgré une résistance acharnée qui durera, par poches isolées, jusqu'à la fin de la guerre.

Lubang n'est pas le premier objectif des Alliés. Hirō Onoda et sa garnison voient passer les vaisseaux ennemis au large de leurs côtes, pendant plusieurs semaines. L'océan et le ciel sont criblés d'appareils ennemis ! Les Américains sont partout à la fois et la nasse se referme peu à peu sur l'ensemble de l'archipel. Le 1er février, voyant le piège se resserrer, Onoda fait déplacer le stock de ravitaillement et d'armes plus haut dans les montagnes. L'opération dure plus d'une semaine et s'avère pénible, car l'autorité du jeune officier est contestée en permanence : la plupart des 70 hommes de son unité affirment vouloir se faire seppuku plutôt que d'aller s'embusquer dans la forêt. En réalité, beaucoup songent déjà à se rendre en cas d'attaque. Hirō Onoda sent bien qu'ils ne le prennent pas au sérieux. Ses supérieurs hiérarchiques immédiats, les trois lieutenants en poste qui devraient l'épauler, se désintéressent totalement de ses efforts. Malgré ses suggestions réitérées, la destruction initialement prévue du port de Tilik et

1. Septième plus grande île des Philippines, au sud-ouest de Luçon.

de l'aérodrome est repoussée aux calendes grecques. Dans son dos, on le surnomme « *Noda Shoyu* », en référence à une marque de sauce de soja ! La signification de ce désobligeant sobriquet est claire : le sous-lieutenant Onoda passe pour du menu fretin – un bleu parachuté dans le Pacifique, sans expérience du combat, pour y mener une mission insignifiante. Ses ordres leur semblent aussi dérisoires que la situation paraît désespérée. Onoda tente de maîtriser sa frustration et fait construire de faux avions avec des carcasses d'appareils, qu'il camoufle volontairement mal : l'ennemi bombarde ces leurres et Onoda se félicite des munitions ainsi gâchées. Mais cette satisfaction est éphémère ; sa troupe est de plus en plus ingérable. Les incidents avec les autochtones se multiplient : constatant qu'ils manqueront rapidement de vivres, faute de ravitaillement, les soldats japonais font des razzias chez les paysans de l'ethnie Tagalog. Le sous-lieutenant Onoda, incapable de tenir ses hommes, en vient à espérer un rapide débarquement ennemi sur Lubang, pour « assainir la situation ». Son vœu est exaucé le 28 février 1945.

Les soldats américains investissent l'île. Hirō Onoda, de son quartier général dans les montagnes, observe la progression d'une cinquantaine d'entre eux avec ses jumelles. Il trépigne de passer à l'action. Un des lieutenants, depuis plusieurs semaines alité en raison d'une mauvaise fièvre, retrouve son énergie. Il part avec quinze soldats pour surprendre l'ennemi, mais tombe dans une embuscade. Un seul en réchappe et revient grièvement blessé au campement, que les autres officiers et Onoda doivent garder avec le reste des effectifs. Pas très longtemps : des incendies ravagent Lubang, le fracas des bombardements retentit, un tir de mortier et l'incursion de tanks obligent les Japonais à abandonner leur base. C'est la débandade. Quatre officiers tombent avant la fin du jour, les troupes sont décimées, plusieurs petits groupes se reforment à la faveur d'une retraite complètement désordonnée. Le 2 mars, Hirō Onoda réunit à grand-peine une quinzaine d'hommes pour tenter une percée à travers les lignes ennemies et installer un camp provisoire. Alors qu'il tente de donner ses ordres à deux soldats paniqués, qui défouraillent en tous sens, l'un d'eux s'enfuit en courant. En essayant de le rattraper, Onoda est frôlé par une balle qui lui arrache l'extrémité de l'auriculaire droit. Furieux, il se remet à couvert et rampe tant bien que mal hors de la ligne de tir. Quelques heures plus tard, il retrouve sur son chemin le corps de son soldat, déchiqueté par des explosifs. Onoda est submergé par le mépris : « Ce couard n'aura pas été bien loin ! » Avec la dague que sa mère lui a donnée, il se penche sur la dépouille ensanglantée et d'un coup sec, tranche le petit doigt de la main droite du défunt. Il l'enveloppe dans un bout de papier et glisse ce trophée dans la poche intérieure de sa veste. La vengeance se savoure. « Un doigt pour un doigt. » Hirō Onoda, en impitoyable seigneur de guerre, a récolté son tribut.

Trois jours plus tard, l'unité qu'il a difficilement regroupée doit encore changer l'emplacement de son campement. Les Américains se rapprochent, il faut s'enfoncer plus loin au cœur de la forêt. Le sous-lieutenant Onoda donne rapidement ses ordres pour le départ, puis se rend sous la tente où 22 blessés sont allongés à même le sol. Vulnérables, ils lui accordent – enfin ! – toute leur attention. Il examine leur visage un par un, afin de ne jamais oublier cet émouvant moment. Il connaît bien certains d'entre eux et quelques-uns se sont révélé d'estimables combattants. Puisqu'ils ne peuvent plus bouger, ils ont manifesté le souhait de se tuer. À celui qu'il considère comme le plus brave, il tend plusieurs bâtons de dynamite, des allumettes, une grenade, et un sac avec quelques provisions : « Je vous demande une dernière chose, pour servir votre pays. Ne vous faites pas sauter avant de voir l'ennemi pénétrer sous cette tente. Je vous ai apporté un peu de nourriture. Vous pourrez tenir jusqu'à ce que l'ennemi soit en vue. »

Hirō Onoda reviendra quelques temps plus tard, pour voir. Il ne trouvera pas trace des 22 hommes. Plus rien ne subsiste d'eux, excepté un cratère noirci dans le sol. Le guerrier ne pense pas à s'incliner ou à formuler une prière. L'œil sec et l'esprit aussi vide que ce lieu de désolation, Onoda contemple fixement le grand trou béant devant lui.

Début avril, toutes les troupes japonaises ont été éliminées ou capturées. Le sous-officier Onoda n'a plus de supérieur hiérarchique et tente vainement de prendre le commandement des soldats, qu'il retrouve sporadiquement. De petits groupes de trois ou quatre hommes se forment et se dispersent, pour essayer d'échapper à l'ennemi. Hirō Onoda ne les reverra plus jamais.

Le 18 avril, seuls trois hommes restent sous ses ordres : le caporal Shimada, les soldats Kozuka et Akatsu. Les quatre militaires errent dans la jungle. De temps à autre, ils entendent des échanges de coups de feu, et observent au loin les derniers éléments de leurs troupes se faire tuer ou intercepter par l'ennemi. Fin mai, les patrouilles américaines se raréfient, faute de belligérants. Onoda et ses trois compagnons, réfugiés dans les montagnes, ne sont pas découverts. À la mi-août, le calme est revenu à Lubang. Avant la fin de l'été, un Boeing B-17 survole l'île et largue une cargaison de flyers. « Drôles de feuilles avant l'automne… » Hirō Onoda en ramasse une poignée, incrédule. Quelques jours plus tôt, ses hommes et lui en ont trouvé un semblable, exemplaire unique, délaissé près des restes d'un camp. Le texte est en japonais, écrit à l'intention des éventuels survivants de l'armée impériale. Une lecture sans équivoque : « Ordre impérial direct de se rendre. » Hirō Onoda, qui ne cesse, depuis ces dernières semaines, d'effectuer des reconnaissances pour se renseigner sur le terrain et sur les mouvements ennemis dans la perspective d'une contre-attaque, considère le rectangle de papier avec une profonde abjection. « Impossible. » C'est la seule réponse qui lui vient en tête.

Dans les montagnes de Lubang, quatre silhouettes s'inclinent profondément devant le soleil levant, au matin du 31 décembre 1946. Ils saluent la nouvelle année à venir et font serment de continuer à servir loyalement leur empereur. Aucun d'entre eux n'ose croire que la guerre est finie. Durant les mois suivants, ils continuent pourtant à trouver de multiples messages, affirmant que le Japon a perdu et que tous les soldats impériaux doivent se rendre. Plus troublant encore, il leur arrive d'entendre en lisière de forêt les appels de compatriotes : « C'est fini ! Vous pouvez sortir ! » Onoda affirme à ses hommes que les Américains se servent de prisonniers pour les piéger. Chaque fois qu'un groupe de recherche japonais approche, il fait partir sa petite troupe dans la direction opposée. Pourtant, au bout de plusieurs mois, l'un d'eux formule l'impensable ; le soldat Akatsu se tourne, avec un air coupable, vers son sous-lieutenant : « Et si c'était vrai ? » Onoda frémit de rage. Dès cet instant, Akatsu est considéré comme un maillon faible et un renégat potentiel. Passé un premier instant de stupeur, Shimada et Kozuka se sont, quant à eux, empressé de renouveler leur serment d'obéissance au sous-lieutenant Onoda. Il est leur leader, leur supérieur hiérarchique. Perdus dans la jungle, les trois soldats doivent s'en remettre à lui. La détermination farouche d'Hirō Onoda lui confère une aura de mentor. Son origine sociale assied son autorité auprès de Shimada et Kozuka, l'un fils de paysan, l'autre de charbonnier, tous deux originaires de la campagne. Akatsu est fils d'un cordonnier ; bien qu'issu d'une famille guère plus aisée que les deux autres, il a grandi à Tokyo et a fréquenté l'école. Hirō Onoda ne le convainc pas. En revanche, le soldat s'avère terrifié à la perspective d'être abandonné seul dans la forêt, sans ressources et, jusqu'à preuve du contraire, en territoire ennemi. Depuis qu'il a avoué croire la guerre terminée, Onoda le surveille de près, rationne ses munitions et sa nourriture. Une exécution ne serait pas à exclure s'il mettait leur groupe en danger. Trois fois de suite, Akatsu essaie, en vain, de s'enfuir. La quatrième sera la bonne : début 1950, il parvient à déjouer la surveillance d'Hirō Onoda et se rend aux Philippins. Dix mois plus tard, Onoda, Shimada et Kozuka trouvent un message à leur intention, laissé sur un de leurs lieux de passage par Akatsu : « Quand je me suis rendu, les troupes philippines m'ont accueilli comme un ami. » Un avion les survole et un message en japonais est diffusé par haut-parleur, leur enjoignant à nouveau de se rendre. Onoda et ses compagnons passent leur chemin. Quelques jours après, ils évitent encore un groupe de recherche – auquel s'est joint Akatsu, en tenue civile. « Le traître ! » fulmine Hirō Onoda, avant de repartir dans les montagnes avec ses deux acolytes.

Après la reddition d'Akatsu, Hirō Onoda galvanise ses compagnons en leur accordant l'honneur d'une précieuse confidence : il leur explique « sa mission secrète », pour mieux l'accomplir avec eux. Dans une caverne de Lubang, assis autour d'un feu de camp, les trois hommes se jurent fidélité. « Lieutenant Onoda, je resterai avec vous jusqu'à la fin, même si c'est dans dix ans ! » : Shimada, emporté par la passion, décide de tout sacrifier à cette quête sacrée. Au Japon, l'attendent sa femme et ses deux enfants – une petite fille et un bébé, qu'il n'a jamais vu et dont il ne connaît même pas le sexe. Il pense souvent à eux avec nostalgie, mais le lien partagé avec ses frères d'armes l'emporte sur la tendresse familiale. Dans le Japon féodal, le *wakashudō* (« la voie des jeunes hommes ») unissait, spirituellement et charnellement, le jeune samouraï à son mentor. À l'opposé, l'amour des femmes était réputé affaiblir le corps et la volonté du guerrier. Onoda n'a jamais été si intime avec quiconque : « Nous nous connaissions certainement mieux qu'aucun de nos proches ne nous connaissait. » Ils dorment serrés les uns contre les autres pour lutter contre le froid, chassent ensemble, se battent et rient. Des rituels sont instaurés pour garder le rythme des jours et la mémoire de leur civilisation : ils se coupent mutuellement les cheveux, réparent leurs vêtements, se remémorent des chansons et des histoires de chez eux. En février 1952, ce bel ordonnancement de leur univers est mis en péril. Un avion de l'armée philippine les survole, on les appelle nommément par haut-parleur et des photographies de leur famille sont larguées… Ils entendent même la proposition d'un journaliste, au courant de leur présence et désireux de les interviewer ! Réaction d'Onoda, Shimada et Kozuka : « Cela recommence ! Partons d'ici. » En chemin, ils ramassent un journal japonais littéralement tombé du ciel – le premier entre leurs mains depuis sept ans. Ils le lisent. « Un cadeau empoisonné », juge Onoda. Rien de tout cela ne leur semble réel. Rien de tout cela ne doit l'être.

Coûte que coûte, Onoda veut remplir sa mission : guérilla jusqu'à nouvel ordre ! Les deux autres lui donnent du « lieutenant » voire du « commandant », ce qui le stimule au plus haut point. Pour continuer sa guerre, Hirō Onoda supporte la faim, les intempéries, la maladie, l'isolement. Son exaltation se nourrit du temps qui passe : pour lui, chaque jour est une victoire, la preuve bien tangible de son inaltérable ferveur guerrière. Il n'en est pas de même pour ses comparses, dont le mental paraît fluctuant. Shimada est le premier à manifester de la mélancolie et de l'épuisement. En juin 1953, il est blessé à la jambe dans une échauffourée avec la population locale : pour Onoda et ses hommes, les Philippins sont potentiellement complices de l'ennemi. Selon la situation, lorsqu'ils croisent des autochtones, ils leur volent des objets de première nécessité, de la nourriture et du bétail. Leurs attaques font des morts ou des blessés parmi les civils. Dans l'île, les trois snipers japonais sont appelés les « Démons des Montagnes », un imprévisible fléau contre lequel on ne peut pas grand-chose. Mais cette fois, leurs victimes ont contre-attaqué avec une ardeur inhabituelle, car Onoda et ses hommes battent en retraite. Shimada s'en sort de justesse, la balle est ressortie de sa cuisse sans toucher l'artère fémorale. Il en garde une mauvaise blessure, qui l'handicapera plusieurs mois durant et que son chef soignera avec des cataplasmes de graisse de vache et une attelle de branches. Cette atteinte physique finit par affecter son moral. Le fidèle caporal est de moins en moins loquace et actif ; le soir, il regarde en cachette une photo de sa famille, qu'il a subrepticement ramassée et conservée depuis la dernière opération de recherche. Le 7 mai 1954, alors qu'ils attaquent un insulaire pour se ravitailler, Shimada reste debout, les bras ballants au milieu des échanges de coups de feu – comme en attente. Quelques instants suffisent. Il est abattu d'une balle entre les deux yeux, devant son « commandant » stupéfait.

Dix jours plus tard, un nouvel appareil les survole. Une banderole est accrochée à l'arrière : « Onoda, Kozuka, la guerre est finie. Il faut rentrer au Japon. » Hirō et son soldat s'en détournent avec mépris : « Nous étions résolus à faire le plus de dégâts possibles. [...] J'avais l'intention d'utiliser jusqu'à ma dernière balle contre l'ennemi. » En 1960, la voix de Toshio Onoda retentit dans la jungle : Hirō l'entend et l'observe à distance. « C'est vraiment remarquable, dit-il à Kozuka. Ils ont trouvé un prisonnier qui ressemble à mon frère, et qui imite sa voix à la perfection ! » Les membres de cette nouvelle expédition laissent des magazines et des journaux sur place, à l'intention d'Onoda et Kozuka. L'effet produit est certainement inattendu : « D'une certaine manière, ces documents nous confirmaient que le Japon était toujours en guerre, parce que de nombreux articles décrivaient la vie quotidienne là-bas. Or, si le Japon avait vraiment perdu la guerre, il n'y aurait pas dû y avoir la moindre trace de vie. Tout le monde aurait dû être mort.[1] » La propagande, martelée par l'armée japonaise pendant la guerre, professait que même les femmes et les enfants devaient se battre jusqu'au dernier souffle en cas d'invasion, puis se suicider. Onoda s'engouffre dans cette logique démente pour continuer à croire en sa « mission ».

Le samouraï et le chasseur de yéti

En cette nuit du 19 octobre 1972, le sous-lieutenant Hirō Onoda et le soldat Kozuka descendent aux abords des rizières qui surplombent la ville de Tilik, pour détruire la récolte des habitants… suivant un ordre de guérilla donné vingt-huit ans auparavant. Après avoir ouvert le feu pour chasser les paysans, ils s'emparent de nourriture et du matériel abandonné sur place. Le butin est appréciable, alors que tout manque ou pourrit très rapidement dans la jungle : café, vêtements, cigarettes, couteaux, marmites. Frénétiquement, Kozuka rempli un havresac. Onoda s'occupe d'incendier les réserves de céréales des Philippins. Leur besogne les absorbe au point de s'attarder plus longtemps qu'ils le devraient : la police les rattrape. La fusillade ne dure que quelques minutes. Kozuka est touché à l'épaule, puis à la poitrine. Ses yeux se révulsent, le sang coule de ses lèvres et il tombe mort aux côtés d'Onoda,

1. ONODA (Hirō), *No Surrender. My Thirty-Year War*, *op. cit.*

qui vide son chargeur sur les policiers avant de s'enfuir en hurlant : « Je les tuerai tous ! Je les tuerai tous ! Tous ! »

Pendant un mois, Hirō Onoda écume la forêt, fusil et baïonnette en main, dans l'intention de venger son ami disparu. Il ne dort plus, mange à peine de quoi tenir, constamment sur le qui-vive, dans un état de confusion mentale extrême. Il reste embusqué pendant plusieurs jours devant le village où Kozuka a été tué, passant des heures à viser les paysans. Sans oser tirer. Il tremble, hésite. Laisse passer plusieurs occasions de massacre. Son état d'esprit est erratique, pour la première fois depuis qu'il est à Lubang, sa volonté vacille. Le 19 novembre, il entend de nouveaux appels dans la forêt. Une voix de femme : sa sœur aînée Chie. Puis une autre : son frère Tadao. Il ne saisit qu'une partie de ses paroles : « ... guerrier, combats comme un guerrier ! Soldat, combats comme un soldat ! » Grâce à l'un des messages dispersés par hélicoptère, Onoda apprend que son frère s'est expatrié au Brésil et y a fondé une famille. « Ainsi a-t-il fait tout ce chemin pour venir me retrouver ! » pense Hirō, soudain bouleversé de fierté. Cette fois, il est persuadé que le groupe de recherche est composé de Japonais, et que les membres de sa famille ont vraiment fait le déplacement pour lui. Son trouble ne cesse de croître. Une nuit, il éprouve le besoin d'aller en cachette se recueillir à l'endroit où Kozuka a été tué. Il y trouve une tombe fraîche, avec une pierre gravée au nom du « Soldat de première classe, Kinshichi Kozuka ». Quelqu'un a placé un bouquet de fleurs et fait brûler un bâton d'encens en son hommage. Hirō Onoda repart dans la jungle en chantant pour son ami, si perturbé qu'il met plusieurs heures à retrouver la cache où il se terre. Peu après, il entend encore son frère Tadao. Il l'appelle par le surnom qu'il lui donnait dans son enfance : « Hironko, nous allons bientôt devoir repartir. Je sais que tu étais à ses côtés lorsque le soldat Kozuka a été tué, et je ne m'attends pas à ce que tu croies ce que je te dis. Mais si tu n'entres pas en contact avec nous, il n'y a rien que nous puissions faire. Sois brave ! Agis en officier ! » Cette dernière injonction électrise Onoda et lui redonne foi en son destin. Il entend ce qu'il veut entendre : « Agir en officier signifie que je dois continuer ma mission : Tadao emploie un code ! » Mais à quelle fin ? Les spéculations d'Onoda sont nombreuses, tordues et de plus en plus incohérentes, mais restent toutes ancrées à la même idée fixe : ne pas sortir de la jungle. Enfermé dans son déni, il s'accroche à l'hypothèse que le Japon et les Philippines sont désormais alliés, et cherchent une stratégie pour vaincre les Américains – qui personnifient l'éternel ennemi. En vertu de ce raisonnement alambiqué, Onoda a surtout trouvé un bon prétexte pour cesser les hostilités contre les insulaires et échapper ainsi au risque de se faire abattre à son tour.

Fin 1973, il fait une déroutante trouvaille à l'emplacement d'un de ses anciens campements ; un haïku signé par son père et composé pour lui : « Pas même un écho / Ne répond à mes appels / Cet été dans les montagnes ». Un choc, bien sûr. Et une soudaine lassitude, l'impression que le poids des années se fait sentir pour la première fois… Dès lors, Onoda se contente d'effrayer les paysans qui croisent sa route de trop près. Il passe l'essentiel de son temps à glaner messages et journaux, délibérément laissés par ses compatriotes. Son quotidien finit par ressembler à celui d'un ermite, absorbé par les chimères du passé.

Hirō Onoda ne sait pas encore qu'il est devenu une célébrité au Japon et le symbole d'un héroïsme à l'ancienne, qui ressuscite des valeurs perdues. On parle régulièrement de lui dans la presse, surtout depuis la mort de Kozuka. Son déni de la réalité est devenu un emblème du Japon traditionnel. Le 25 novembre 1970, l'écrivain Yukio Mishima – trois fois nommé pour le prix Nobel de littérature – s'est donné la mort par seppuku, après avoir vainement appelé les Forces japonaises d'autodéfense (dénomination de l'armée dans le Japon pacifiste d'après-guerre) à se soulever au nom de l'empereur et à réarmer le pays. Dans ce contexte nostalgique d'une société en mal de repères, l'obstination d'Hirō Onoda devient un acte de résistance exemplaire, qui doit absolument trouver son dénouement.

Le 20 février 1974, Hirō Onoda fait une étrange rencontre. Un homme seul. Il a installé son campement, allume un feu et s'apprête manifestement à préparer son repas. Pas d'arme en vue. Un tee-shirt, un short et d'épaisses chaussettes de laine à la japonaise dans des sandales de plastique : ce n'est ni un policier ni un paysan. Aucun groupe de recherche en vue. Onoda s'approche précautionneusement, fusil en joue. Le jeune homme, surpris, se retourne et lui fait face. En tremblant, il se penche pour le saluer très bas, à deux reprises.

« Qui es-tu ? l'interroge Onoda.

– Je ne suis qu'un touriste ! Êtes-vous Onoda-san ? » demande à son tour le singulier visiteur. Onoda acquiesce, surpris. Commence alors un dialogue surréaliste :

« La guerre est terminée. Consentiriez-vous à revenir au Japon ?

– Non, pas question de rentrer ! Pour moi, la guerre n'est pas finie !

– Pourquoi ?

– Tu ne pourrais pas comprendre. Pour rentrer au Japon, il me faut des ordres. Il me faut l'ordre de rentrer !

– Sinon quoi ? Vous envisagez d'attendre la mort ici ?

– C'est exactement ce que je ferais, si on ne m'ordonne pas le contraire.

– Onoda-san, l'empereur et le peuple du Japon s'inquiètent pour vous.

– Avez-vous des ordres à me transmettre ?

– Non.

– Dans ce cas, vous pouvez continuer à vous inquiéter pour moi. »

Norio Suzuki est né après la guerre, en avril 1949. À 20 ans, il a abandonné ses études d'économie pour voyager pendant trois ans à travers l'Asie, l'Afrique et le Moyen-Orient, effectuant de longs treks et vendant parfois son sang pour subvenir à ses besoins. De retour au Japon en 1972, il a suivi de près le récit, ultra-médiatisé, de la fin tragique de Kozuka et de l'errance d'Onoda dans la jungle de Lubang. Le jeune aventurier a discerné dans cette histoire les éléments d'un idéalisme semblable au sien : une quête de pureté, d'identité, la survie d'un homme seul en pleine nature. Norio Suzuki admire l'intégrité d'Onoda et ses aspirations d'un autre âge, qui font de lui une véritable légende vivante. Quelques mois plus tôt, il a affirmé à ses proches qu'il allait partir en expédition pour trouver « le lieutenant Onoda, un panda sauvage, et l'abominable homme des neiges. Dans cet ordre.[1] »

Suzuki a atteint son premier objectif. Pendant quinze heures d'affilée, il discute avec Hirō Onoda, assis autour d'un feu, en grillant quelques cigarettes. Avant l'aube, il parvient enfin à trouver le moyen de ramener le guerrier quinquagénaire au bercail. Pour prouver qu'il l'a bien rencontré, il prend une photo de son nouvel ami. Les deux hommes se quittent le lendemain. Suzuki promet à Onoda qu'il reviendra bientôt.

Le 5 mars suivant, il est de retour à Lubang, accompagné du major Taniguchi – un des supérieurs d'Onoda, au moment de son affectation à Lubang. Taniguchi est désormais libraire

1. BROWN (Patty), « Hirō Onoda's Twenty Nine Year Private War », *Pattaya Daily News*, 2010.

à la retraite. Il a néanmoins accepté de se déplacer, pour transmettre en personne son dernier ordre officiel à Hirō Onoda : le sous-lieutenant est enfin relevé de ses fonctions. Devoir accompli.

Juste avant de rentrer chez lui, l'officier, enfin démobilisé, doit faire escale à Manille. Le président des Philippines, Ferdinand Marcos, le reçoit en grande cérémonie, le félicite pour sa dévotion de soldat et lui accorde magnanimement son pardon. Quelques jours après, Hirō Onoda, de retour sur sa terre natale, est accueilli en gloire nationale mais n'apprécie guère la frénésie médiatique dont il est l'objet. Le Premier ministre du Japon écrit pourtant un discours en son honneur et le qualifie de « héros ». Le dictateur africain Idi Amin Dada le donne en exemple à ses généraux. Il est une icône pour les nationalistes du monde entier. Mais ces témoignages d'admiration ne font que renforcer son malaise : le Japon moderne le déroute beaucoup. Onoda répugne à se sentir tellement étranger en son propre pays. Les vainqueurs de la Seconde Guerre mondiale ont reconfiguré la nation ; en janvier 1946, l'empereur Hirohito a même été contraint de renoncer à sa nature de « divinité incarnée » (*akitsumikami*). L'armée impériale n'existe plus. Trop de compromis ont forgé une société nouvelle, dont il ne saisit pas les codes et qu'il juge dégénérée. Les gratte-ciel lui donnent le vertige, la télévision irrite ses yeux. Il a retrouvé ses parents octogénaires, sans émotion ni satisfaction particulière : « Pendant plus de trente ans, le souvenir de mon foyer m'avait à peine effleuré ; jamais, pendant mon sommeil, je n'avais rêvé de ma famille. Mon seul réconfort et toute ma vie, c'était mon devoir de militaire. » En 1975, toutefois, il rejoint son frère aîné Tadao au Brésil. À 54 ans, il achète un ranch, devient éleveur de bétail, puis se marie en 1976 avec Machie Onuki, 38 ans, ancienne hôtesse dans une maison de thé de Tokyo. Il crée des camps de jeunesse pour les enfants de ses compatriotes, désireux de donner une éducation vigoureuse à leur progéniture et leur enseigne les techniques de survie en milieu sauvage. « Trop de béton et de propreté produisent des enfants faibles », clame-t-il aux journalistes. Il reviendra régulièrement au Japon, à partir de 1984, pour y promouvoir ses convictions de pédagogue. Deux ans plus tard, son ami Norio Suzuki meurt à 38 ans, emporté par une avalanche sur les flancs du Dhaulagiri, dans la chaîne de l'Himalaya. Il y poursuivait sa quête… sur les traces du yéti. En apprenant sa disparition, Hirō Onoda déclarera avec regret : « C'était un vrai héros. »

Il s'éteindra à son tour le jeudi 16 janvier 2014, d'une défaillance cardiaque, à l'âge de 92 ans. Convaincu d'avoir gagné sa guerre : « Il ne faut jamais abandonner. Je ne l'ai jamais fait. J'aurais détesté perdre. » En attestent une centaine de blessés et les tombes des 30 Philippins tués après 1945 sur Lubang par Onoda et ses acolytes.

Chapitre 8

MARK CHAPMAN
LA RAGE AU CŒUR

« Happiness is a warm gun. »

The Beatles (l'album blanc),
22 novembre 1968.

Il n'a que 25 ans mais se sent vieux, laid, inutile. Il n'a pas tort. Une vitrine lui renvoie son reflet, qu'il contemple pendant quelques secondes avec amertume. Un homme de taille moyenne, en surpoids, engoncé dans des vêtements cheap, avec une chapka et des gants noirs, de petits yeux porcins derrière des lunettes d'aviateur embuées, qui bat la semelle dans le froid new-yorkais… En son for intérieur, lorsqu'il pense n'être « personne », il exagère considérablement, car la vacuité existentielle frôle un absolu qu'il serait bien en peine d'atteindre : Mark est l'incarnation de la médiocrité, une coquille vide dont l'existence n'a jamais eu le moindre sens. Ce n'est pourtant pas faute d'avoir essayé.

22 h 40. Cela fait deux heures et demie qu'il attend. De long en large, il arpente le trottoir qui longe le Dakota Building, un des immeubles d'habitation les plus prestigieux de Manhattan en bordure de Central Park West, sur la

72e rue. Construit entre 1880 et 1884, son nom fait alors référence à l'un des territoires les plus sauvages d'Amérique du Nord, à peine colonisée et pas encore divisée en États. Pour le clin d'œil, l'architecte a même pensé à faire sculpter, sur son fronton, une tête d'Indien sioux – autre traduction de l'amérindien « Dakota ». En cette soirée du 8 décembre 1980, l'ombre de la majestueuse bâtisse est éclairée par d'anachroniques becs de gaz, dont les flammeroles bleutées accentuent l'atmosphère sibylline de forteresse gothique. Mais ce qui fascine le plus Mark Chapman, ce sont les garde-fous en bronze, garnis de dragons à la gueule béante, qui ceinturent l'édifice. L'arche monumentale de l'entrée principale, noyée de ténèbres, lui fait penser à un portail sur une dimension démoniaque. Mark a lu tout ce qu'il trouvait sur cet endroit chargé d'une atmosphère quasi-surnaturelle : l'inoubliable interprète de Frankenstein, Boris Karloff, y a, pendant quelques temps, cultivé des orchidées blanches dans un appartement sous les toits. D'après la rumeur, Anton LaVey, gourou sataniste, a également possédé un pied-à-terre au Dakota, qu'il aurait loué au cinéaste Roman Polanski, pour le tournage de son film d'horreur, *Rosemary's Baby*[1]. Les résidents des soixante-cinq appartements sont riches, souvent célèbres. Chapman soupire, en scrutant les hautes fenêtres éclairées. « À quoi tient le destin ? » Quelques murs le séparent de la chaleur, du luxe, de ces vies exceptionnelles et comblées. Pourquoi le mériteraient-ils et pas lui ? Pourquoi pas lui ? Depuis de longues années, Mark Chapman est rongé par la colère et le dépit. Il enfonce ses mains dans ses poches. Dans celle de droite, ses doigts caressent une chose froide, lisse et lourde, qui le rassure et lui redonne de la force. Dans celle de gauche, l'épaisseur souple d'un livre,

1. CHALMET (Véronique), *Les Écorchés*, Flammarion, Paris, 2011.

L'Attrape-cœurs[1], de J.D. Salinger : l'histoire d'Holden Caulfield, un adolescent paumé et fugueur, pour qui le rêve américain prend des allures de cauchemar entre conformisme, solitude et hypocrisie ambiante. Mark Chapman triture le roman, à la fois nerveux et impatient. Le vent est aussi glacial que ses pensées. Il va s'asseoir sur une bordure de pierre, à l'entrée de l'arche, dans l'ombre. Le portier, Jose Perdomo, reste à l'abri de l'élégante guérite de laiton d'où il contrôle les accès au building. Il est habitué aux nombreux admirateurs qui patientent pendant des heures dans l'espoir de saluer leur idole ou d'obtenir un autographe. Mark Chapman se recroqueville un peu, raidi par le froid et crispé par l'attente, bras repliés sur sa poitrine, le cou rentré dans son col. Son regard se fixe sur la face grimaçante d'un des dragons, sur la rambarde à côté de lui. Troublant mimétisme. « Une gargouille ! Je suis une gargouille. » Disgracieux et malfaisant. Il a choisi son camp.

22 h 45. Les phares de la limousine blanche crèvent la nuit. Mark Chapman cille et sort de sa léthargie, le souffle soudain court. La voiture ralentit et s'arrête presque devant lui. Chapman est envahi par une indescriptible excitation. Une lumière aveuglante auréole le véhicule et son passager, dont la silhouette déliée se découpe en clair-obscur. Vision divine… « C'est lui ! » *Il* s'apprête à descendre. *Il* est là pour son salut. *Il* doit expier pour tous les autres. *John Lennon.*

Un enfer ordinaire

Mark David Chapman est né à Fort Worth, petite ville du Texas et ancien camp militaire. Son père David Curtis est

1. Titre original : *The Catcher in the Rye.*

sergent dans l'US Air Force et sa mère Diane Elizabeth est infirmière. Le 10 mai 1955, elle connaît la pire angoisse de sa vie : la naissance de son fils est un rude moment à passer, il pèse plus de six kilos, elle est à la fois épuisée et épouvantée à l'idée qu'il puisse être anormal. On lui présente le bébé, bouffi mais sans handicap apparent. Pas complètement rassurée, Diane passera ensuite quelques nuits agitées, imaginant qu'elle a donné naissance à un monstre. Les années suivantes, cette suspicion se transformera en conviction tacite que son rejeton recèle un vice caché. Bien sûr, elle défendra toujours le contraire d'autant plus âprement. Une ombre plane désormais sur le couple Chapman, jusque-là très uni par un mariage d'amour. David est aussi réservé et introverti que son épouse est expansive et prompte à exprimer ses émotions. Elle adore le cinéma et la presse people, fond en larmes en regardant les mélos à la télévision, quand bien même elle aurait déjà vu plusieurs fois le film. Son enthousiasme aux franges de l'hystérie s'étend à son rôle de mère. Mark est un enfant presque trop facile à élever ; il ne pleure pas souvent, n'est pas turbulent, joue peu et passe des heures les yeux dans le vague. La joie de vivre maternelle le déconcerte, mais en grandissant, il cultive une véritable admiration pour cette femme chaleureuse et spontanée. Peut-être même un peu trop : sans cesse lui répète-t-elle qu'il est remarquable, promis aux plus hautes destinées… Mark la croit et ne l'en adore que davantage. En revanche, il développe une animosité croissante envers son père, très structuré, rigide et au tempérament souvent ombrageux. Il ira jusqu'à rejeter sur lui la responsabilité de ses fautes ultérieures, le blâmant d'être à l'origine de son irrépressible et perpétuelle colère. David Chapman est un gros travailleur, peu impliqué dans son foyer ; il ne manifeste qu'exceptionnellement son affection pour Mark ou sa petite sœur, Susan, née en 1962. En revanche, il accompagne régulièrement son fils chez les scouts, où il donne des cours de guitare aux jeunes – peaufinant l'image d'un citoyen altruiste et d'un père attentif à sa progéniture. Les Chapman sont pratiquants, comme c'est la norme pour être intégré à la communauté. Les enfants font leur prière du soir, on va à l'église par convention plus que par dévotion. Pourtant, la foi de David confine à la superstition : il croit à l'enfer et craint plus que tout de livrer son âme aux flammes éternelles. Aurait-il quelque raison d'encourir les foudres de Dieu ? L'intimité de la famille n'est certes pas aussi sereine que son quotidien le laisse paraître... Devenu adulte et criminel, Mark Chapman accusera son père d'abus sur sa mère et de violences domestiques. Il y verra l'explication à son propre comportement et à la haine, qui couve en lui depuis l'enfance : analyse réductrice et fantasmatique, que Diane Chapman tempérera en 1987, alors que David et elle sont divorcés depuis neuf ans[1]. Un soir, une rixe conjugale aurait cependant dégénéré en pugilat, et Diane aurait alors appelé Mark – âgé de moins de 10 ans – à la rescousse : « Je ne comprends pas le ressentiment de Mark envers David. Je ne l'ai pas sollicité pour s'interposer entre nous ! Je voulais juste que quelqu'un soit au courant. Je n'ai pas réfléchi, on ne m'avait jamais frappée avant... De fait, David a pris soin de nous pendant toutes ces années, et je peux dire qu'il a été bien meilleur parent que moi pour Mark. [...] En tout cas, il n'y avait rien de dramatique chez nous. D'aussi loin que je me souvienne, nous étions une famille normale. David aurait fait n'importe quoi pour son fils. [...] Il était très fier de Mark. » Côté maternel, le mélange des genres se révèle néanmoins inquiétant et déstructurant pour l'enfant, dixit la génitrice

1. D'après une interview de Diane Chapman menée par James R. Gaines, publiée en 1987, dans *People Magazine*.

elle-même : « La vérité, c'est que je n'ai jamais eu l'attitude d'une mère envers Mark – j'étais plus comme sa meilleure copine. » On nage en pleine soupe œdipienne ! L'adolescent finira par désirer le meurtre de son géniteur, rêvant de « le coincer avec un flingue. Je lui aurais dit ce que je pensais de sa façon d'agir avec ma mère, et qu'il allait le payer ». Avant d'atteindre cet apogée de haine, le jeune Mark s'est trouvé en mal de repères, dès qu'il a eu l'âge de fréquenter l'école et ses semblables. Entre 6 et 10 ans, il tente de s'imposer aux autres, en tourmentant les plus faibles. Lorsqu'il échoue, il en conçoit une frustration qui le pousse à se poser en victime. La confusion du garçon est aggravée à la maison, par la mésentente désormais constante entre les époux Chapman. David Chapman ne boit pas, ne fume pas. Sa réaction au stress est éruptive, il absorbe tout sans rien laisser paraître jusqu'à ce qu'une crise de fureur, incompréhensible pour son entourage, éclate à un moment inattendu. Diane, quant à elle, négocie mal sa fin de quarantaine ; obsédée par le vieillissement, elle traque ses rides et prend à témoin son fils pour savoir si sa séduction continue d'opérer. Toujours très théâtrale, elle menace de se suicider avec des barbituriques, comme un de ses acteurs préférés, Charles Boyer. Elle assure à Mark qu'elle ne souhaite pas passer le cap des 50 ans et laisser sa beauté se flétrir. L'amour, qui la liait à son mari David, n'est déjà plus qu'un lointain souvenir… Mark Chapman, 10 ans, assiste au naufrage de leur mariage. Amer et impuissant, il fuit une réalité sordide, en s'inventant un monde et des amis imaginaires, qu'il appelle « le Petit Peuple ». Ce genre de fantasmagorie est fréquent chez les enfants de son âge. Ce qui l'est beaucoup moins, c'est qu'un gamin trouve son réconfort dans la menace, la torture et la mort : « Mon Petit Peuple m'adorait. J'étais respecté et adulé […]. Quand j'étais très en colère, je me défoulais sur le Petit Peuple. Lorsque quelqu'un m'avait contrarié à l'école ou que j'étais en colère contre mon père, j'exerçais ma vengeance en tuant mon Petit Peuple. Je m'imaginais dans ma tanière, installé dans un fauteuil, dont l'accoudoir était muni d'un bouton de commande. Il me suffisait de l'actionner pour faire exploser les maisons de mon Petit Peuple. Parfois, je pouvais tuer comme ça des centaines ou des milliers d'entre eux. Ensuite, bien plus tard, quand j'avais retrouvé mon calme, je leur présentais mes excuses. Et ils me pardonnaient toujours.[1] » Appuyer sur un simple bouton pour tuer aveuglément et en toute impunité ? David Chapman continuera, à l'âge adulte, de caresser cet épouvantable désir de toute-puissance. À défaut de pouvoir l'exercer concrètement. En 2013, le journaliste Jack Jones révèlera que Mark Chapman, 58 ans, a évoqué ses rêveries terroristes, lui ayant confié « vouloir faire mal au monde entier [...]. Chapman m'a dit qu'à un moment, il fantasmait de se procurer des armes nucléaires et peut-être détruire une petite ville, pour blesser ou tuer des milliers de gens, sinon des millions[2] ».

Le Petit Peuple de Mark Chapman écoute la même musique que lui. Un seul disque passe en boucle dans cet univers, *Meet the Beatles !*, le deuxième album américain des Beatles, sorti le 20 janvier 1964[3]. Le garçon réinvente les paroles à sa manière, détourne l'œuvre dans un sens résolument morbide et l'utilise comme bande-son pour ses carnages imaginaires. À l'instar de plusieurs millions de jeunes[4], il est fasciné par la personnalité du groupe, totalement novateur sur le plan musical et culturel. Mark Chapman est séduit par la musique, mais encore plus par le phénoménal charisme des

1. JONES (Jack), *Let Me Take You Down*, Villard, 1992.
2. *Crimes of the Century. The Murder of John Lennon*, CNN, 30 juin 2013.
3. Le premier, *Introducing... The Beatles*, étant sorti...dix jours plus tôt, soit le 10 janvier 1964.
4. Le 9 février 1964, les Beatles font leur première apparition télévisée aux États-Unis, invités du *Ed Sullivan Show* : 73 millions de téléspectateurs sont devant leur poste.

Fab Four. Il se souviendra de trois faits, relatés par la presse, qui le marquent particulièrement lors de sa découverte du groupe : des milliers d'admirateurs campent, parfois plusieurs jours et nuits, pour obtenir des places pendant cette première tournée ; des exaltées sont victimes d'évanouissements et de fractures, lors des concerts ; il éprouve des sentiments ambivalents à l'égard de John Lennon, l'ayant identifié comme le leader. La fascination de Chapman pour les Beatles tient dans une large mesure, à leur impact sur le public, dont il fait une lecture pervertie : comme un « pouvoir de vie et de mort » qu'il ambitionne lui-même de détenir. D'ores et déjà, dans cette perspective, Lennon est idéalisé autant que jalousé. À 10 ans, Mark Chapman joue avec des figurines des Beatles qu'il a réalisées avec des feutres et du carton. Ils ne sont sous cette forme que des pantins soumis à sa volonté, qu'il cajole ou maltraite selon son bon plaisir. Lorsqu'un de leur disque tourne sur la platine, l'apaisement finit par le gagner. Il danse, chante, se laisse bercer par la mélodie. Ce bien-être est aussi précieux que rare. John, Paul, George et Ringo l'invitent à la traversée des apparences, entre le monde réel et son univers imaginaire. D'un côté la vie, de l'autre l'abîme. Parce qu'ils sont, à ses yeux, les seuls à pouvoir faire le lien entre ces deux absolus opposés, Mark Chapman accorde aux Beatles une valeur très spécifique. L'adulation croît en proportion de la haine.

En 1969, Mark entre dans l'adolescence, plus que jamais tourmenté, instable, égotique. Les posters des Beatles ornent les murs de sa chambre, comme un rempart contre l'incompréhension de ses parents, l'indifférence de ses pairs et la médiocrité ambiante. Il ne se sent nulle part à sa place, convaincu d'être sous-estimé, mal-aimé. Son existence n'est pas à la hauteur de ses espérances et surtout, pas à la hauteur de ce qu'il pense mériter. Selon lui, on ne reconnaît pas sa valeur, ce qui l'exaspère et nourrit sa rage grandissante.

« Je suis incapable d'être imparfait[1] », regrettera-t-il plus tard en toute modestie… Son père trop rigide, sa mère trop exubérante, ses professeurs trop sévères, ses camarades de classe trop moqueurs… Tous le tirent vers le bas et l'empêchent de se réaliser ! Il vient de fêter ses 14 ans, lorsqu'il accepte un buvard de LSD, procuré par un voisin de deux ans son aîné. Un soir, il le fait fondre sur sa langue en regardant la télévision dans le salon de ses parents, qui sont couchés. En l'entendant hurler d'un rire sauvage, son père vient voir ce qui se passe. Mark lui répond simplement que le film est drôle, et David Chapman part se rendormir avec cette explication. De nombreux autres trips suivront. Pendant la journée, il fume de l'herbe ou sniffe de la colle, puis se défonce à l'acide après les cours. Les parents détournent le regard. Ils n'entendent pas leur fils se faufiler hors de sa chambre, pour aller se droguer avec d'autres ados. Ils ne lui posent pas de questions. Ils n'ont pas envie de savoir. L'angoisse monte et se diffuse. De son côté, Mark vit cette période avec jubilation, ayant l'impression de découvrir ses vastes richesses intérieures en explorant un niveau de conscience inconnu grâce aux substances psychédéliques. Son but n'est pas récréatif mais quasi-mystique. L'illuminé en herbe a enfin l'impression de se différencier du commun des mortels, tout en étant accepté par le groupe des camés de Roanoke, un trou perdu de Virginie où sa famille a emménagé quelques années auparavant. Il a également la sensation de détenir le pouvoir auquel il aspirait quatre ans plus tôt, en devenant pour de bon quelqu'un qu'il faut craindre. Le déclic se fait en quelques semaines.

Lors d'un voyage halluciné, il est pris d'une violente pulsion meurtrière, à grand-peine réprimée. Il voit un couteau traîner dans l'appartement où il se trouve… Prendre la lame

1. JONES (Jack), *Let Me Take You Down*, *op. cit.*

et les éventrer tous… Cette idée semble terriblement séduisante. Mark Chapman parvient, pour cette fois, à se raisonner. La notion de meurtre devient pourtant récurrente dans son esprit. Il y voit une solution pour prendre enfin sa revanche sur les autres et surtout, pour définir sa propre existence. Être enfin quelqu'un, en commettant un crime spectaculaire. Faire brûler la maison familiale ? Il y pense aussi, mais n'est pas encore mûr pour le passage à l'acte. Un soir, il est confronté à son père dans la cuisine de la maison. Alors qu'ils se disputent violemment, Mark avise le présentoir à couteaux, juste derrière lui. Il en saisit un et le brandit vers David. Le père attrape le poignet de son fils et le lui tord jusqu'à ce qu'il lâche prise. « Oh, ok, ça va ! C'est cool… », lâche hargneusement l'adolescent avant de filer se doper, pour oublier qu'il n'a pas – encore – les moyens de ses ambitions assassines. Quelques jours plus tard, David Chapman récupérera Mark au poste de police, arrêté pour vagabondage alors qu'il était complètement défoncé, en voiture avec des copains. L'ancien sergent fond en larmes sur le chemin du retour, puis se reprend pour demander à son fils : « Écoute, il faut arrêter de faire du mal à ta mère. Ne lui dis pas que tu étais sous acide. Dis-lui juste que tu as pris quelques tranquillisants et que tu t'es perdu… » Le déni n'arrange rien, évidemment. Les parents Chapman ne sont pas au bout de leur peine. Peu après, Mark trouve le moyen de s'acheter un billet d'avion et fugue à Miami.

Après quelques jours passés à faire la manche et à chaparder dans les supermarchés en compagnie de vagabonds plus âgés que lui, il tombe sur une fête foraine et parvient à négocier le gîte et le couvert en échange de menus services. Il se voit bien devenir nomade, bonimenteur ou artiste de cirque. Cliché d'ado. Après un bref moment d'euphorie, la réalité s'avère moins amusante qu'il l'imaginait et surtout, beaucoup plus laborieuse. Monter et démonter les baraques, assurer la manutention, nettoyer, accueillir le public, sont des tâches trop éreintantes pour lui. Sans talent particulier et guère enclin à l'effort, il opte donc pour une autre vocation. Mark Chapman veut être hippie ! Appartenir à un groupe, affecter d'être hors normes, vivre un idéal sans entraves… *Born to Be Wild*[1] et autres refrains. Son escapade dure deux semaines. Pas si facile de vivre en marge… Chapman craint la solitude, les contrôles d'identité, les agressions et la précarité. Un bon samaritain, pour qui il travaille pendant quelques jours, le convainc de rentrer au bercail et lui offre un ticket de bus. Lorsque Mark arrive chez lui, piteux et déçu de n'avoir pas eu le courage de ses ambitions, c'est toujours le même topo : son paternel ne dit rien et sa mère pleure.

L'année 1970 tire à sa fin. Mark Chapman, 15 ans, est plus perturbé que jamais. Les hormones s'en mêlent. Il reluque les filles. Maladroit, chétif, il pourrait charmer par son attitude fantasque, mais l'effet est gâté par ses manières à la fois gauches et arrogantes. Cette impression malsaine est accentuée par sa toxicomanie, jusqu'à l'été 1971. En vacances chez sa grand-mère paternelle en Floride, il continue sa routine : paresser et se doper. La musique l'aide tout juste à garder un semblant d'activité culturelle. Il ne lit pas, ne s'intéresse pas à l'art, n'a envie de rien en particulier. Sa curiosité ne s'exerce que sur lui-même. Mark Chapman s'ennuie et traîne sa misère, en se lamentant sur son sort. Un soir qu'il flâne, il se fait braquer par d'autres camés. Il n'est pas blessé mais choqué. Il a eu très peur et, comme d'ordinaire, fulmine de n'avoir même pas essayé de se défendre ; ce mélange de couardise et de fureur le met hors de lui. Il pleure toutes les larmes de son

1. « Né pour être sauvage », chanson écrite par le compositeur et chanteur de rock Mars Bonfire, en 1968, mais reprise par le groupe Steppenwolf, rendu célèbre grâce à ce titre la même année.

corps et cherche vers qui se tourner, pour obtenir réconfort et compréhension. Mark Chapman veut être aimé de manière inconditionnelle. Il n'accepte pas de devoir mériter l'affection de quiconque, et encore moins de donner pour recevoir. Une seule instance peut répondre à ses attentes démesurées : Dieu. « Dieu ? » Justement, il l'a « rencontré » quelques mois plus tôt, lors d'une retraite organisée pour les jeunes de sa paroisse. Il a apprécié la camaraderie ambiante, l'atmosphère fraternelle, les activités collectives qui imposent de ne délaisser personne. Sur le moment, il était trop préoccupé par ses expériences psychédéliques pour s'investir vraiment mais depuis, son humeur a changé. Il voit la Lumière et trouve des solutions à ses problèmes immédiats : « Quand j'ai ouvert la porte de mon cœur et que j'ai laissé Dieu y entrer [...], je me suis senti nettoyé. Tout m'était pardonné et j'étais régénéré. » Dieu n'est jamais contrariant lorsqu'on parle en son nom. Mark Chapman est conforté dans toutes ses convictions. Il s'absout à l'avance de tous ses péchés, fort de son monologue avec le Tout-Puissant. On n'est jamais si bien servi que par soi-même.

À la rentrée scolaire 1971, les professeurs du jeune Chapman n'en croient pas leurs yeux. Exit l'ado provocant, sale et dépenaillé ! Mark a laissé tomber la drogue pour la religion. Cheveux raccourcis et soigneusement peignés, la liquette bien rentrée dans le pantalon, les souliers noirs rutilants, une grande croix accrochée au cou... La métamorphose s'avère aussi brutale que spectaculaire. Mark Chapman adopte la panoplie du chrétien exemplaire. En même temps, il affiche le plus grand mépris pour les athées et ses anciennes idoles hippies. Suivant la logique de ce changement radical, il vilipende ce qu'il a jadis adoré : il voue les Beatles aux gémonies, avec la même virulence qu'il les avait autrefois portés aux nues. Pour autant, le groupe reste au cœur de ses obsessions. En positif comme en négatif, la fascination demeure inchangée. *Born-again Christian* du jour au lendemain et fier de l'être, Chapman s'invente une contenance en jouant les prêcheurs et en vociférant contre le rock and roll. Il porte la « bonne parole » et voudrait convertir tous les mécréants. Il écrit et distribue des tracts prosélytes, se prend pour un disciple du Christ, soucieux de ramener d'autres pécheurs dans le droit chemin. Son élan religieux, bien loin de la compassion, lui donne des ailes... mais certainement pas celles d'un ange. Il concentre toujours ses pensées sur John Lennon. Mark l'évangéliste le jalouse aussi ardemment que l'ado camé d'autrefois ; la différence, c'est qu'il peut désormais le haïr ouvertement et justifier sa violence en criant au blasphème. Le 4 mars 1966, John Lennon a été interviewé dans sa propriété de Kenwood, par Maureen Cleave, journaliste du *London Evening Standard.* Ayant remarqué un énorme crucifix d'église en décoration dans son salon, ainsi qu'un grand nombre de livres relatifs à la religion ou au mysticisme, elle l'a interrogé sur ce sujet puis a cité quelques lignes de leur entretien : « Le christianisme va s'estomper. Il disparaîtra et décroîtra. Je n'ai pas besoin de donner d'explications. J'ai raison et l'avenir le prouvera. Aujourd'hui, nous [les Beatles] sommes plus populaires que Jésus. Je ne sais pas ce qui disparaîtra en premier, du rock and roll ou du christianisme. Jésus était quelqu'un de bien, mais ses disciples étaient obtus et ordinaires. Ce sont eux qui ont tout déformé et tout gâché, selon moi.[1] » Les propos de Lennon ne suscitent aucun émoi lorsqu'ils sont publiés dans la presse britannique. Le déclin des églises anglicanes n'y est un secret pour personne et Lennon n'est pas la personnalité la plus critique sur ce sujet.

---

1. CLEAVE (Maureen), « The John Lennon I knew », *The Daily Telegraph*, 5 octobre 2005.

Des membres du clergé ont même abondé dans son sens. Un certain révérend Ronald Gibbons, de l'Église méthodiste de la Sainte-Trinité de Basildon, a d'ailleurs déclaré publiquement dès décembre 1963, que la reprise d'un cantique par les Beatles serait salutaire pour faire revenir la jeunesse dans les églises : « Les Beatles pourraient bien être une bénédiction pour la religion. Nos congrégations se vident, tandis que leurs concerts sont bourrés à craquer... Les jeunes n'accrochent pas à la religion telle que nous la leur présentons aujourd'hui.[1] » Cet avis n'est malheureusement pas partagé outre-Atlantique, lorsque l'interview est diffusée dans les médias américains cinq mois plus tard. La citation de Lennon « Nous sommes plus populaires que Jésus » fait la une de *Datebook*, un magazine pour adolescents axé sur la chanson pop, puis se répand à travers le pays comme une traînée de poudre. Dans l'Amérique bien-pensante de la Bible Belt[2], cette déclaration, montée en épingle et reproduite hors contexte, fait l'effet d'une bombe. Instrumentalisée par la droite religieuse, elle génère des réactions très vives : autodafés de disques des Beatles, menaces de mort, intimidations par le Ku Klux Klan. Des impacts de balles sont retrouvés dans le fuselage de l'avion transportant le groupe. Cette polémique, qui s'ajoute à des conditions de sécurité plus qu'aléatoires, aura finalement contribué à la décision des « Quatre de Liverpool » de ne plus jamais faire de tournées.

Mark Chapman connaît depuis l'origine les moindres détails de toute cette histoire, mais la ressasse avec d'autant plus de frénésie lorsqu'il découvre la chanson *God*, sur le

---

1. GOULD (Jonathan), *Can't Buy Me Love. The Beatles, Britain, and America*, Three Rivers Press, 2008.
2. Région où s'est implanté le fondamentalisme chrétien. Ce territoire recouvre la plupart des anciens États sécessionnistes – Alabama, Arkansas, Caroline du Nord et du Sud, Géorgie, Kentucky, Louisiane, Mississippi, Missouri, Oklahoma, Tennessee, Texas et Virginie – et le Sud-Est du pays.

premier album solo de John Lennon, intitulé *John Lennon / Plastic Ono Band* et sorti le 11 décembre 1970. Tout imbu de sa foi fraîchement découverte, il y voit un écho résolument provocateur à la thématique religieuse abordée quatre ans plus tôt : « God is a concept by which we measure our pain[1] », chante l'ex-membre des Beatles. Chapman considère comme un affront personnel les déclarations de celui qu'il a hissé au rang d'ennemi intime. Il en est convaincu : Dieu et John Lennon s'adressent à lui. La chose ne saurait être prise à la légère. En octobre 1971, son indignation est maximale durant l'écoute d'*Imagine*, morceau dans lequel John Lennon parle d'un monde sans guerre – et surtout sans paradis, enfer ni religion… Ô sacrilège ! Mark Chapman réplique en offrant une version de son cru à ses coreligionnaires : « Imagine John Lennon is dead » leur susurre-t-il à l'occasion des réunions de prière auxquelles il se rend deux fois par semaine. On sourit par politesse, car l'humour de Chapman semble malmener singulièrement le concept de charité chrétienne. Ses emportements sont mis sur le compte de sa fougue et tolérés comme tels. Pour la première fois de sa vie, Mark canalise toute son énergie dans l'accomplissement d'une tâche. En l'occurrence, il s'agit de récolter des fonds et d'animer des camps de jeunesse pour l'association évangélique des *Young Men's Christian Association* (YMCA)[2]. Chapman s'épanouit au contact des plus petits, les gamins l'adorent et le surnomment « capitaine Nemo ». Un sobriquet très évocateur, auquel Mark Chapman s'identifie immédiatement. Outre le personnage imaginé par Jules Verne dans *Vingt mille lieues sous les mers*, ce nom veut

1. « Dieu est un concept par lequel nous mesurons notre souffrance. »
2. Ou Union chrétienne de jeunes gens (UCJG), composée d'associations locales chrétiennes évangéliques et fondée à Londres, en 1844. Présente dans 119 pays et engagée dans l'action sociale, avec trois orientations principales : le tourisme, l'éducation, l'insertion.

dire « personne » en latin et prend la signification de « *némésis* » en grec – qui désigne la colère ou la vengeance divine. Le profil de Mark Chapman se dessine désormais dans cette silhouette en clair-obscur, ambivalente autant qu'inquiétante.

Les membres de l'association admirent sans réserve la dévotion de leur Capitaine Nemo. Le garçon pense avoir enfin trouvé un rôle idéal : mieux que son père avant lui, il enseigne la guitare aux enfants, réconforte les plus désemparés, partage son enthousiasme, et reçoit même un prix des mains d'un responsable local du YMCA en récompense de son efficacité et de son dévouement. Profitant d'avoir le vent en poupe, le Capitaine Nemo tente de renouer avec un de ses anciens coups de cœur du lycée, une jeune fille nommée Lynn Watson. En vain. La demoiselle, un peu interloquée devant cet ancien prétendant qui ressurgit inopinément au bout de plusieurs années, ne souhaite absolument plus entendre parler de lui. « Trop bizarre, ce type », se dit Lynn. Mark Chapman, comme s'il avait perdu l'amour de sa vie, recommence à se lamenter sur la tragédie de son destin, prenant à témoin de sa frustration ses amis du moment. Durant l'été 1972, il travaille à mi-temps dans un hôpital pour jeunes autistes. Incapable de comprendre et encore moins de gérer la violence physique et mentale des patients, il est renvoyé. Sa fibre caritative semble trouver ses limites… Il enchaîne les petits boulots et continue néanmoins son activité au YMCA, qui lui donne encore l'illusion d'avoir trouvé sa voie. Début 1975, il s'engage dans un programme international lui permettant de se rendre à Beyrouth, afin d'aider les victimes de la guerre du Liban, à ses débuts. Sa mission est rapidement annulée et les membres du YMCA sont évacués. Retour aux États-Unis, et plus spécifiquement dans l'Arkansas, où l'association permet à Chapman de secourir les « *Boat-People* » ayant fui le Viêt Nam avec leurs enfants. Là encore, on salue la manière dont il s'investit auprès des réfugiés. Tant qu'il organise des veillées près du feu de camp et des matchs de football, tout va bien. En revanche, lorsqu'il s'épanche sur ses convictions, le discours dérape. Mark agit et parle comme s'il souffrait autant que les *Boat-People* dont il s'occupe ; on dirait parfois que c'est à lui qu'on a fait du mal ! Ses camarades de l'association s'inquiètent de ce qu'ils interprètent comme une sensibilité exacerbée : son entourage pèche par naïveté et ignorance de la noirceur qui couve dans l'esprit de Mark Chapman. En réalité, il masque son absence d'empathie et son narcissisme exacerbé en s'appropriant le malheur des autres, au gré d'un délire quasi-messianique. En 1992, le psychopathe avouera son jeu sans état d'âme : « J'étais un maître dans l'art de ne pas dévoiler mes sentiments. Mais j'étais capable, en surface, de tenir une conversation très poignante et pleine d'émotions.[1] »

Mark Chapman, 20 ans, poursuit sa quête identitaire plus que tourmentée. Cette même année, il perd sa virginité avec une compagne de son groupe évangélique, et culpabilise aussitôt d'avoir « cédé à la tentation ». Il a en effet noué un lien assez étroit avec une autre jeune femme, Jessica Blankenship, qu'il présente comme sa fiancée – alors qu'il n'existe encore rien d'officiel entre eux. Depuis sa puberté, Mark Chapman est à la fois obsédé et révulsé par la sexualité. Il se masturbe jusqu'à cinq ou six fois par jour, avec une frénésie qui n'a d'égal que son insatisfaction. Après son dépucelage, il ne manque pas de se dire qu'il « a commis quelque chose d'horrible[2] » : en prison, il expliquera à ses psychiatres qu'il avait coutume de fantasmer sur des femmes âgées lui prodiguant des fellations. Juste après sa première expérience sexuelle, il décide de faire pénitence en s'adonnant avec encore plus

1. JONES (Jack), *Let Me Take You Down*, *op. cit.*
2. *Ibid.*

d'ardeur à ses activités évangéliques. Cette manière de compenser ne s'avère pas des plus fructueuses : le camp de jeunesse où il œuvre en faveur des réfugiés est fermé en décembre 1975, et Chapman doit trouver un plan B pour occuper son quotidien. Il s'inscrit donc dans le même établissement scolaire que Jessica, pour reprendre ses études qu'il a jusque-là suspendues faute de motivation. Il reprend les cours à temps complet, révise le soir avec sa dulcinée et élabore enfin avec elle des projets de mariage. Cependant, il se sent une fois de plus à la mauvaise place, au mauvais endroit : il n'est pas intégré au reste de la classe et ne s'intéresse à aucune matière – excepté l'histoire, qu'il considère comme un tissu de mensonges morbides, sous-tendu par d'incessants conflits. La mort et le néant, en somme. Sa petite amie ne contribue guère à le rassurer ; elle voit le mal et le péché partout, l'exhortant continuellement à prier pour le salut de leur âme. Tous deux veulent rester purs pour leur nuit de noces. David Moore, un de ses amis de l'époque, se souviendra plus tard : « Mark n'aurait alors même pas bu un Coca. Il pensait que ce n'était pas sain pour lui. Il n'aurait pas touché à la *junk food*. Il voulait être pur pour Jessica.[1] » Son vœu de chasteté ne l'aide pas suffisamment, peut-être son attachement envers Jessica n'est-il pas assez puissant pour lui donner du sens. Quoi qu'il en soit, Mark Chapman n'a plus l'impression d'être utile ou considéré. « Je suis personne ! », pense-t-il avec rancœur. Il délaisse sa guitare, affirmant à ses proches que cette passion l'éloigne de Dieu et qu'il ne doit plus toucher un instrument. En revanche, quand un ami rencontré à Atlanta, Dana Reeves, lui montre le révolver qu'il possède, Chapman prend et retourne l'arme entre ses mains avec un

---

1. GAINES (James R.), « Descent into Madness. The Life and Crime of Mark David Chapman », *People Magazine*, 22 juin 1981.

enthousiasme manifeste. Il est immédiatement séduit par la puissance qu'il ressent à le tenir. Les pensées se bousculent, empreintes d'une haine qui ne demande qu'à éclater. L'arme est *un prolongement de mon bras, de ma juste colère, à l'instar du bras divin prêt à exercer son courroux sur les blasphémateurs et les impies*, pense-t-il alors. Reeves est un beau gosse, déterminé, au tempérament bien trempé, exactement le genre de garçon que Mark Chapman aurait voulu être. À défaut, il s'enorgueillit de le côtoyer et restera en relation avec lui au cours des années suivantes, discutant souvent de leur intérêt commun pour les armes à feu. Il ira lui rendre visite à plusieurs reprises, lorsqu'il aura déménagé en Géorgie. En 1980, il demandera à Reeves, devenu adjoint du shérif local, de l'aider à se procurer des munitions spéciales. Dana Reeves accédera imprudemment à sa demande, sans soupçonner l'usage que Mark Chapman compte en faire.

Au printemps 1976, Jessica Blankenship rompt avec son drôle de fiancé. La jeune femme a incité Chapman à s'inscrire avec elle à Covenant College, une école presbytérienne réformée, très stricte, dans le Tennessee. Il se montre, à nouveau, incapable de poursuivre des études avec détermination. Le concernant, la notion même d'apprentissage lui semble superfétatoire. Par ailleurs, l'encadrement religieux, exigeant sur le plan éthique et sur le concept d'abnégation, ne lui convient absolument pas. Chapman cherche la facilité et la valorisation de sa personne. Au bout d'un semestre, il déclare forfait – sachant que la très pieuse Jessica ne lui pardonnera pas cet abandon.

Au début de l'été, il reprend du service en camp de jeunesse pour le YMCA, mais se prend beaucoup trop au sérieux : il hausse le ton avec les bénévoles et joue les petits chefs. Sa crise autoritaire ne passe pas. On le désapprouve. Il démissionne.

Peut-être influencé par l'exemple de son ami Dana Reeves, entré dans les forces de l'ordre, Chapman décide de faire une formation d'agent de sécurité. Le privé l'attire davantage que la police dont il ne supporterait, de toute façon, ni l'esprit de corps ni le règlement. Le plus intéressant, de son point de vue, consiste à porter un flingue et à décider seul de ce qu'il doit faire. Il s'entraîne au tir et devient plutôt habile dans ce domaine. Avant l'automne, il obtient deux contrats en tant que surveillant dans des usines. Cette première expérience ne le transporte guère. Le quotidien d'un vigile lui paraît morne et sans envergure. Il passe des heures à faire des rondes et à surveiller des écrans, en attendant la fin de la nuit. N'étant pas intéressé par la lecture, il ne sait pas comment tuer l'ennui. *À moins que…*

Nowhere Man

À la rentrée, Mark Chapman tente pour la troisième et dernière fois, de terminer ses études secondaires. Sans succès. La dépression le gagne. « Pas d'avenir, pas d'identité. » Il hait son père, sa mère, sa sœur, ses semblables. D'une haine froide et aveugle qui lui noue les tripes. Son idéal de pureté passe à la trappe, il n'est plus que frustration et amertume. Pour compenser, Chapman s'empiffre. Sans plaisir, juste pour se remplir. Son visage s'affaisse, son corps s'épaissit, sa démarche devient pesante. Il ne sait plus quoi faire, quelqu'un lui a parlé d'Hawaï, il lui vient alors des envies d'exotisme. Du soleil, des paysages de carte postale. Un rêve réalisable. Pendant plusieurs mois le jeune homme cumule les petits boulots, pour amasser un pécule suffisant à l'achat de son billet et de quelques semaines de farniente. Il prend un aller simple par avion. Il verra bien après. Englué comme il l'est dans la contemplation de lui-même, qui ne s'avère guère brillante, il élabore un scénario suicidaire. Partir avec panache à flanc de volcan, dans une ambiance festive et sous des cieux plus cléments… Pourquoi pas ?

À Honolulu, il est ébloui par le décor luxuriant et la lumière éclatante, un paradis terrestre de pacotille qui l'émeut beaucoup. Il déambule sur la plage de Waikīkī avec ses lunettes fumées et loge dans le meilleur hôtel de l'île, le Moana. Il dépense son argent sans compter, sirote des cocktails en contemplant l'océan, s'offre des excursions en bateau, écume les boîtes de nuit, voulant laisser paraître qu'il est riche et destiné à vivre dans le luxe pour le restant de ses jours. Lui-même veut y croire. L'ivresse dure cinq jours. Il est ensuite obligé de quitter le Moana, pour prendre une chambre miteuse dans le YMCA de la ville. Le retour à la réalité est rude. Il recommence à se morfondre et téléphone à son ex-fiancée, Jessica, pour lui faire du chantage au suicide. Elle accepte de le revoir. Il retourne donc chez lui en Géorgie, mais la jeune femme lui explique qu'elle ne veut pas reprendre leur relation amoureuse. Chapman n'a nulle part où aller : ni ses parents ni sa sœur ne veulent de lui. Il ne lui vient pas à l'idée de se remettre en question. Il repart aussitôt pour son pays de cocagne, Hawaï. L'odyssée du capitaine Nemo se précise. Vigile la nuit, il s'entraîne à tirer durant la journée. Lorsqu'il ne trouve pas de contrat en tant que surveillant, il fait la plonge, dispute les boulots les plus ingrats aux immigrants philippins. En période de vaches maigres, il doit parfois dormir dans la rue ou dans une cabine téléphonique. Sa rigueur d'évangéliste ne résiste pas à cette déchéance. Il est sale, pue la bière et le graillon de ses habituels fast-foods. Le soir, il va souvent se poster devant l'hôtel Moana, contemplant avec jalousie les privilégiés qui y descendent. Lorsque la frustration atteint un seuil insupportable, il remâche ses pensées morbides et passe des heures à discuter avec les bénévoles de SOS Amitié. Deux mois après son arrivée, le 20 juin 1977, il loue une voiture, s'y enferme et tente de s'intoxiquer avec les gaz d'échappement. Il prépare mal son dispositif, les vapeurs nocives ne sont pas assez denses, un passant frappe à la vitre pour savoir s'il va bien. Mark Chapman s'ébroue, acquiesce, puis s'extasie de n'être pas encore mort. « C'est un signe de Dieu ! » Se mettant aussitôt à prier pour remercier son Sauveur, il est convaincu d'avoir reçu un signe du Ciel. À n'en pas douter, sa vie a été miraculeusement épargnée pour servir un but qui le dépasse. Il doit obéir à cet appel divin ! En commençant par chercher de l'aide.

Il se rend dans un hôpital psychiatrique de jour où il est déjà allé consulter pour son état dépressif, et explique aux médecins sa tentative de suicide. Il est pris en charge, hospitalisé et traité au Castle Memorial Hospital. Horaires réguliers, gîte et couvert, confort thérapeutique le réconfortent en quelques jours. Il sympathise avec le personnel, se rend utile, s'efforce d'être le patient parfait, toujours souriant et de bonne composition. Un de ses psychiatres, le docteur Denis Mee-Lee, n'est pourtant pas dupe : « Il faisait beaucoup d'efforts pour donner bonne impression de lui, pour plaire et être serviable. Mais son attitude envers les gens était "trop sympa". Je sentais que cela cachait énormément de colère.[1] » Trop bon pour être honnête. Néanmoins, sa stratégie fonctionne. Une fois remis sur pieds, on lui propose un travail de technicien de surface dans l'hôpital. Il saute sur l'occasion. Il répare, nettoie, bricole. Assainit. Tout le monde a besoin de lui, il connaît les moindres recoins de l'établissement et tous ceux qui y séjournent. Il se sent rassuré, maître de son territoire. Ses nouveaux collègues l'apprécient. Une infirmière, de dix ans

1. JONES (Jack), *Let Me Take You Down*, *op. cit.*

son aînée, répond à ses avances, le trouvant « attentionné et sensible avec un merveilleux sens de l'humour[1] ». Leur idylle dure quatre mois. Pendant ce temps, Chapman réussit sa réinsertion sociale, se trouve un appartement, récupère ses effets personnels. Sa petite amie du moment remarque qu'il vend sa collection de disques des Beatles et sa stéréo.

Début 1978, sa mère le rejoint à Hawaï pour vivre quelques temps avec lui. Diane et David Chapman viennent d'entamer une procédure de divorce. Mark Chapman sait qu'il doit tourner une page de son existence. Sa famille n'existe plus. Malgré son désarroi il pense devoir avancer, lui aussi, à sa manière. Il apprend des rudiments de japonais pour bavarder avec les nombreux asiatiques qui vivent à Hawaï. L'envie lui vient de voyager en Asie. Il repense au *Tour du monde en quatre-vingts jours* et à *L'Île mystérieuse*, dont il a vu des adaptations télévisées. La frontière entre fiction et réalité ne lui apparaît pas clairement. Il économise un peu d'argent et sollicite un emprunt auprès de son employeur. Chapman prévoit un tour du monde de quarante-deux jours – en première classe, cela va de soi. Ce projet lui fournit un excellent prétexte pour se rendre, plusieurs fois par semaine, à l'agence de voyage. Il est très excité par son périple, mais aussi par l'accorte employée, Gloria Hiroko Abe, d'origine japonaise. *Comme Yoko Ono !* Elle a quatre ans de plus que lui et ne dédaigne pas qu'il lui fasse la cour. Chapman lui envoie des ours en peluche, des fleurs, des cartes enamourées… Elle le trouve « mignon ». Il est charmé par sa douceur et surtout, par sa grande disponibilité : ils deviennent proches au point qu'il l'appelle jour et nuit, lui rend visite chez elle et s'épanche pendant des heures, sans qu'elle manifeste la moindre impatience. C'est la femme idéale ! *Et en plus, elle ressemble à Yoko…*

1. GAINES (James R.), « Descent into Madness », *op. cit.*

Ils restent en contact pendant le tour du monde qu'elle lui a préparé : Tokyo, Séoul, Hong Kong, Singapour, Bangkok, Delhi, Beyrouth, Genève, Londres, Paris et Dublin. Le 20 août 1978, retour à Honolulu. Gloria attend Mark à l'aéroport. Ils s'embrassent comme dans un film. Ils se découvrent de multiples points communs, en particulier sur le plan spirituel : l'évangélisme de Chapman refait surface tandis que Gloria lui confie être férue d'astrologie, de numérologie et de parapsychologie en général. Elle croit fermement à la réincarnation. Il se dit en contact avec le Christ. Gloria est en admiration devant Mark, et pense qu'il a été touché par le Saint-Esprit. Elle lui affirme qu'il possède « un don », et qu'il devrait en faire bon usage. Chapman est subjugué par cette confiance et par l'ambition mystique que lui témoigne sa dulcinée. Jamais on n'a ainsi formulé – et encore moins encouragé – ses plus intimes désirs ! Leur rencontre est sacrée. Ils sont faits l'un pour l'autre et se l'avouent rapidement. Leur relation, essentiellement fondée sur cette exaltation réciproque, reste platonique pendant de longs mois – jusqu'à leur mariage, le 2 juin 1979. Le début des noces n'est pas aussi paisible qu'il le devrait. Diane Chapman, la mère de Mark, est omniprésente et plus qu'intrusive : elle s'impose durant leur croisière de jeunes mariés, les accompagne pour dîner au restaurant, etc. À 48 ans, le démon de midi la tenaille, elle commence à multiplier les liaisons avec des garçons de l'âge de son fils – un comportement aux relents incestueux, qui perturbe Mark et provoque chez lui des crises de colère. Après son voyage sabbatique, Chapman a retrouvé un emploi au Castle Memorial Hospital ; il a accepté une promotion, accédant à un poste administratif mieux payé que son précédent emploi d'homme à tout faire. Pourtant, il s'aperçoit rapidement que ce statut s'accompagne de responsabilités et d'impératifs sociaux qu'il ne parvient pas à assumer : rendez-vous professionnels, classements de dossiers, réunions et interactions hiérarchiques. Chapman devient de plus en plus nerveux et ombrageux. Un jour, il fait irruption dans le bureau de Gloria, parce qu'elle n'est pas sortie assez vite et qu'il l'attend depuis plusieurs minutes sur le trottoir. Il hurle si fort après elle que son patron intervient. Chapman fait un esclandre… et Gloria est renvoyée. À la suite d'une autre altercation sur son propre lieu de travail, on lui demande de démissionner. Pendant cette période houleuse, il s'est aliéné le personnel de l'hôpital et a perdu les amis qui s'étaient attachés à lui après sa tentative de suicide.

Partie de chasse

À la suite de cette éviction, il reprend son ancienne casquette de vigile. De capitaine Nemo. Plongé au plus profond de son gouffre personnel. Lorsqu'il n'est pas en tenue de travail, il traîne en tee-shirt et short, cheveux gras, négligé, empâté. À longueur de journée, il écoute son artiste préféré du moment, le chanteur de blues, de pop et de rock progressif, Todd Rundgren[1]. Il adore cette musique pour une raison bien précise : Rundgren s'inspire des Beatles, bien qu'il leur voue un mépris virulent, visant spécifiquement John Lennon. Ce dernier répond brièvement aux invectives de Rundgren par le biais de la presse (dans la revue spécialisée *Melody Maker*, le 30 septembre 1974), sans vraiment comprendre l'objet d'une telle querelle. L'autre, de son côté, continue de s'énerver dans son coin. Il a trouvé un créneau pour faire parler de lui et ne

1. Il connaîtra plus de succès en tant que producteur de groupes tels que The Band, Sparks, Meat Loaf, The New York Dolls, The Psychedelic Furs ou XTC, parmi d'autres. Il est le père d'adoption de l'actrice Liv Tyler – le chanteur Steven Tyler, du groupe Aerosmith, n'ayant pas pu assumer sa paternité à la naissance de cette dernière.

le lâche pas durant plusieurs années. Avec son groupe, Utopia, le rocker acrimonieux, en quête d'audience, se fend d'un album qui pastiche poussivement les *Fab Four*, intitulé *Deface the Music*[1]. Le titre phare s'appelle *Everybody Else Is Wrong*, double parodie d'*Across the Universe* et d'*I Am the Walrus*. Sur une musique qui tente de rappeler l'album *Sgt. Pepper's Lonely Hearts Club Band*[2], il déverse sa bile contre le succès des Beatles, popularité et richesse à l'avenant… avec treize ans de retard ! Son plus grand admirateur est certainement Mark Chapman, qui prend toute cette diatribe au pied de la lettre. Il se repasse les morceaux en boucle, pour mieux s'imprégner des paroles qui stigmatisent la réussite des Beatles en général et de John Lennon en particulier. Son épouse Gloria le voit se plonger dans cette discographie acerbe, avec une ferveur comparable à son engouement religieux. Il connaît chaque morceau par cœur et affirme à qui veut l'entendre, que cette musique comble sa vie : « Je considérais qu'elle définissait mon existence, […] le monde autour de moi, et la rage que je ne parvenais pas à exprimer. C'était si important pour moi que c'en était surnaturel. C'était quelque chose de spirituel – ni plus ni moins.[3] » Il s'offre un Walkman et écoute Utopia sans discontinuer, tout au long des nuits passées à surveiller des buildings vides. Au petit matin, il achète des packs de bière pour se saouler avant de rentrer chez lui. Dans la journée, il reste affalé au lit. Lorsqu'il émerge, il s'adonne à une nouvelle obsession : l'art. Bien que criblé de dettes et totalement ignare en la matière, il rêve de spéculer en achetant des œuvres. Il acquiert pour 5 000 dollars une première pièce que le galeriste prétend tenir de Salvador Dalí, puis une peinture de Norman Rockwell pour 7 500 dollars. Il emprunte ces

1. Pouvant se traduire par « Esquinter (ou défigurer) la musique ».
2. Sorti le 1er juin 1967.
3. JONES (Jack), *Let Me Take You Down*, *op. cit.*

sommes à sa mère, à sa belle-famille, alors que les fins de mois s'avèrent difficiles à boucler. Lui-même se pique de dessiner et peindre des aquarelles – des oiseaux et des arcs-en-ciel... qui se transforment parfois en squelettes et têtes de mort, à force d'ajouter du noir. Chapman écume les galeries en se présentant comme un artiste méconnu. John Lennon a publié, en 1964, un recueil de dessins et de textes, *In His Own Write* puis, l'année suivante, un second volume intitulé *A Spaniard in the Works*. Pourquoi ne pourrait-il pas faire aussi bien ? Après avoir été définitivement éconduit par tous les marchands d'art de sa connaissance, capitaine Nemo s'attaque à une autre idée fixe. Devenir un époux modèle. Cette résolution n'est raisonnable qu'en apparence. Il se cristallise de nouveau sur l'image de John Lennon, qui s'est retiré de la vie publique pour s'occuper de son fils Sean. Chapman laisse à Gloria le soin de travailler pour subvenir à leurs besoins, tout comme Yoko gère les affaires des Ono-Lennon pendant que John vaque. Faire du pain, cuisiner, changer les couches, dessiner, écrire, composer. Mais Mark Chapman n'a pas d'enfant. En dépit de ses efforts, Gloria ne parvient pas vraiment à ressembler à Yoko, son appartement miteux n'est pas le Dakota Building, il n'a pas une once de talent ni même une culture générale acceptable. Il hante les jardins publics et se distrait en allant au palais de justice pour assister à des procès, hésitant constamment entre apitoiement et détestation d'autrui.

Durant le printemps 1980, il s'achète un tee-shirt portant l'inscription « Je suis unique. Je pense par moi-même », imprimée sur le dos. Ce vœu reste lettre morte. Chapman passe des semaines à la bibliothèque municipale d'Honolulu, fantasmant qu'il est sage et érudit alors qu'il s'essouffle à finir un livre. Un seul texte, pendant cette période, affleure à la surface de son esprit en déroute : *L'Attrape-cœurs*. Un jeune homme rebelle, qui ne trouve pas sa place dans la société et qui s'insurge devant l'hypocrisie des adultes. Le héros, Holden Caulfield, a 17 ans. Mark Chapman se voit en lui, se reconnaît dans sa rébellion, dans les affres de son errance, dans son ingénuité face aux imposteurs. *Miroir, cruel miroir, quel imposteur pourrait incarner tous les autres ?* Chapman doit trouver celui qui personnifie à la fois tout ce qu'il aime et tout ce qu'il vomit. Il doit trouver un motif à sa haine, une finalité à sa violence. Une logique à son existence sans but. À peine a-t-il fini de s'approprier l'histoire écrite par Salinger, pour l'intégrer à son chaos intime, qu'il tombe en arrêt devant un magazine. Lennon en couverture. *Lennon, Lennon, Lennon.* Une biographie sera bientôt publiée, titrée *One Day at a Time*[1]. Le visage de l'ex-membre des Beatles en couverture, avec la statue de la Liberté en arrière-plan. Chapman hurlerait « Help ! », si l'autre ne l'avait pas déjà chanté. Il ne peut que se consumer de rage devant les photos de son idéal honni. « *Lady Liberty* » et John Lennon : les deux symboles sur une même image, deux icônes adulées par une humanité qui ne cesse de le rejeter, lui, Mark Chapman. Nemo. Némésis. L'ange de la colère.

Le 20 octobre 1980, un article du *Honolulu Star-Bulletin* évoque la sortie, pour le mois suivant, de l'album *Double Fantasy* par John et Yoko. Trois jours plus tard, Chapman est renvoyé de son dernier job de vigile. Il signe sa feuille de sortie « John Lennon ». Sur le moment, personne ne le remarque. Fua Liva, une collègue, témoignera quelques mois trop tard : « Il a juste dit qu'il devait s'occuper de problèmes personnels. Il a aussi raconté qu'il avait un travail plus important à accomplir.[2] »

---

1. FAWCETT (Anthony), *John Lennon. One Day at a Time. A Personal Biography of the Seventies*, Grove Pr, 1980.
2. GAINES (James R.), « Descent into Madness », *op. cit.*

Peut-être pour se donner du cœur au ventre, Mark Chapman réécoute *in extenso*, pour la première fois depuis son adolescence, la discographie des Beatles et de Lennon. Il a racheté une chaîne, après avoir saccagé celle de Gloria dans un accès de fureur. Maintenant, il est beaucoup plus calme. Il a pris sa décision. D'après ce qu'il déclare lui-même au cours de son procès en 1981[1], il montre à sa femme le calibre 38 qu'il s'est procuré, s'amuse à lui faire prendre en main. Peu après, il évoque son projet et nomme sa cible. Sa douce moitié ne réagit pas. Plusieurs jours, plusieurs semaines s'écoulent ainsi. Mark Chapman s'insurgera lors de l'audience : « Je lui en veux de ne pas en avoir parlé à quelqu'un, et même de ne pas avoir averti la police ! » Gloria Chapman répondra d'abord qu'elle ne savait pas quoi faire. Par la suite, elle dira qu'elle n'était tout simplement pas au courant. Qu'elle n'y a pas cru. Avec le temps, on ne distingue plus bien la différence. Quoi qu'il en soit, Mark Chapman fera plusieurs déplacements à New York, durant l'hiver 1980. En guise d'explication, il dit à son épouse qu'il va y chercher l'inspiration, pour écrire un livre pour enfants. Elle ne relève pas.

Fin octobre, il s'est réservé deux nuits à l'hôtel Waldorf-Astoria, sur Park Avenue, à Manhattan. En attendant, il lit tout ce qu'il trouve sur John Lennon, qui vient de fêter ses 40 ans. Gloria frémit en entendant son mari déchiqueter les magazines : « Lennon ! Sale bâtard ! Tu prêches la paix et l'amour, mais tu te vautres dans le fric ! Putain de bâtard ! » Son révolver lui a coûté 169 dollars. *Un bon investissement.* Il vient d'emprunter 5 000 dollars à son beau-père, pour financer le reste de l'opération. Le samedi 29 octobre, il s'envole pour New York, son arme cachée dans le bagage mis en soute. Au Waldorf-Astoria, il passe une première nuit

1. Interview de Gloria Chapman, publiée le 14 décembre 2014, dans *The Daily Mail*.

magique, après une promenade dans Central Park et un repas gastronomique… arrosé à la bière. Le deuxième jour, il repère le Dakota Building, et y retourne tout le reste de la semaine. Il engage la conversation avec des portiers, explore les alentours, tente de savoir si Lennon est sur place. Personne ne le renseigne, on est discret, les réponses restent évasives. Autre difficulté qui le met hors de lui : il ne parvient pas à se procurer des munitions, les armes à feu étant illégales à New York. Une idée lui vient. Le 5 novembre, il reprend l'avion à destination de la Géorgie de son enfance. Il y retrouve Dana Reeves, son copain devenu policier, et lui sert des bobards nostalgiques autour de quelques bières. Les deux amis vont s'entraîner au tir dans les bois. Chapman raconte qu'il séjourne pour affaires à New York – une ville dangereuse – et qu'il a un revolver pour sa protection mais pas de munitions, malheureusement. Reeves, bon gars, lui propose de le dépanner. Chapman refuse les balles standard qu'il lui propose de prime abord. « Tu te rends compte, si j'ai besoin de me défendre, je n'arriverais à rien, je ne tire pas aussi bien que toi ! Il me faudrait un truc qui percute vraiment, pour que j'aie une chance. » Dans la réserve personnelle de Reeves, Chapman sélectionne cinq balles explosives : des projectiles conçus pour causer un maximum de dégâts, qui se fragmentent dans les chairs au moment de l'impact, et font exploser les os. Une invention de l'armée britannique en Inde au XIXe siècle, destinée à mater les indigènes et à chasser le gros gibier, avant d'être interdite à l'issue de la première conférence internationale de la Paix à La Haye en 1899. Mark Chapman veut réécrire l'Histoire. Il retourne à New York, les munitions dans sa valise. Ne parvenant toujours pas à savoir si Lennon est chez lui ou dans un autre pays, il est contraint de repartir pour Honolulu. Déçu. Le Ciel devra attendre.

Pas trop longtemps. Le 6 décembre, Chapman arpente de nouveau la Grosse Pomme. Cette fois, il a tout prévu – l'arme chargée dans une poche de son manteau, et un exemplaire de *L'Attrape-cœurs* dans l'autre.

8 décembre 1980. 16 h 15. John Lennon sort du Dakota. Il est déjà passé quelques heures plus tôt avec Yoko et Sean, leur petit garçon âgé de 5 ans. Un fan le salue : le photographe Paul Goresh lui montre quelques clichés, qu'il a récemment pris de lui. Tous deux se connaissent et bavardent quelques minutes. Un drôle de type surgit sur leur gauche, glisse la main sous son manteau… et brandit vers Lennon un exemplaire de son dernier album, *Double Fantasy*. Il reste silencieux, donc John l'aide : « Vous voulez que je le signe ? » L'autre opine lentement du chef. L'artiste date et appose son autographe. Paul Goresh prend une dernière photo pendant qu'il s'exécute. « C'est tout ce que vous voulez ? » demande John. L'homme hoche de nouveau la tête et s'éloigne à reculons, toujours aussi bizarre. Lennon hausse les sourcils, perplexe, puis monte dans sa limousine blanche aux côtés de Yoko. Ils vont enregistrer. Mark Chapman savoure l'imminence de son grand moment.

10 h 50. Le couple est de retour et descend de voiture. Ils ne voient pas le tueur embusqué. Yoko précède John de quelques mètres. Soudain, un appel : « M. Lennon ! » John n'a pas le temps de se retourner. Chapman tire cinq fois. Une balle va s'encastrer dans une fenêtre du Dakota ; Lennon est touché dans le dos et à l'épaule gauche par les quatre autres. Il trouve encore la force de se réfugier dans la loge du gardien de nuit, sous l'arche du Dakota. Il s'effondre devant Jay Hastings, laissant glisser à terre les bandes magnétiques de sa dernière session d'enregistrement, qu'il serre encore dans ses bras. Alors qu'il aide Yoko à soutenir le blessé, lui ôte ses lunettes et le couvre avec sa veste d'uniforme, le gardien

discerne le tireur immobile sur le trottoir. Désarmé et arrêté sans résistance, quelques minutes plus tard. « Tu sais ce que tu as fait ? » crie un policier horrifié. « Oui ! Je sais ! J'ai tué John Lennon ! » clame Chapman, impatient d'accéder à la notoriété qu'il a tant désirée.

Lors de son procès le 24 août 1981, Mark Chapman plaide coupable pour le meurtre de John Lennon. Il est condamné à la réclusion à perpétuité, avec une période de sûreté de vingt ans. Depuis l'an 2000, sa demande de liberté conditionnelle a été rejetée à huit reprises (dont la dernière en août 2014). Il reste enfermé dans la prison d'Attica, dans l'État de New York, où il reçoit chaque jour de nombreuses lettres de menace ou d'admiration. Il n'y répond pas mais a déclaré, à plusieurs reprises et avec orgueil, que « les gens feraient n'importe quoi pour obtenir un autographe » de lui. Gloria Chapman a emménagé près du pénitencier et lui rend régulièrement visite. Interviewée le 14 décembre 2014, elle parle avec fierté de son mari : « Mark sait qu'il est célèbre. Tout ce qu'il peut maintenant faire, c'est utiliser cela pour amener plus de gens vers le Seigneur. Ainsi peut-il maintenant tirer parti de cette triste notoriété. »

Table des matières